JN279691

右から北方謙三先生、１人おいて渡辺淳一先生、１人おいて津本陽先生　撮影／荒木 経惟

文壇バー

君の名は「数寄屋橋」

園田静香 編

Memories of Club Sukiyabashi

財界研究所

目次

Contents

第一章　時の流れ

第二章 イベントにかかわるエピソード

第三章　思い出の花々

写真・絵画を提供してくださった方々（掲載順）

荒木　経惟　23
北見けんいち　53・299
ちばてつや　61・241
堂　昌一　79
さいとうたかを　87
小林　秀美　107・191
成瀬　数富　123・249
マベマナブ　129
水木しげる　137
手塚　治虫　145
牧野　圭一　157・223
安孫子素雄　165
水島　新司　231
赤塚不二夫　279
濱野　彰親　307
永井　豪　313
松本　零士　321
村上　豊　361

終章 私の宝石《たからもの》

数寄屋橋今昔

紀伊國屋書店会長兼ＣＥＯ　松原　治

八月の暑い日、静香ママが恵比寿の本社を訪ね、数寄屋橋の入居しているビルの競売で年内に退去しなければならなくなり、近くの好い処に引っ越すとの由。これを機会にご贔屓の先生方から一文を草して頂いてはどうかと私が口火を切ることになった。

クラブ数寄屋橋創業の翌年、雑誌『酒』からご贔屓の店を書けとの註文が来たので、「銀座のバーも真打ちが輩出していささか肩が凝る傾きがある。数寄屋橋は開店一年に過ぎないがママは若く美しい（ミス火の国）。然し博多花柳界の出だけあって陽性で一応そつがない、少しく稚拙の感があるのが却って他にない初々しい魅力になっている。サントリーオールドを店さきに山積しているのも正直で心の和らぐ楽しい店である。未来のある二つ目として存在してもらいたい」と書いた。

当時は日本も三十九年東京オリンピックを無事終え、本格的成長期に入り繚乱たるものがあった。

星霜三十七年、当時の真打ちがうたかたのごとく消えたなか、数寄屋橋の健在はなにより喜ばしい。二十数坪の店は地下一階。ますます老朽の感を深めるがママは歳を感じさせない。長年人の管理は行き届き幸子・ますみの両ママ代理始め長年の美人が多く、新人も人を得、訪れる人の心を和やかにする。

新しい店も今位の広さがよい。銀座でも残り少ない真打ちとして難しい世にはなったが存在感を示して頂きたい。この私も米寿、よく飽きることもなく飲み続けたものである。

序文

二〇〇四年の夏、突然の予期しなかった出来事に遭遇し、三十七年の歴史、私達の青春の全てを懸けたこの場所（クラブ「数寄屋橋」）を立ち退かなければならなくなりました。数々の想い出を胸に秘めて〝空間《くうかん》の移動をするだけなんだ〟と幾度となく自分に言い聞せ納得させるのですが、店に一歩はいると想い出の滲む壁、そこで生まれた数々の物語、今なお残る伝説などが一斉にひしめき立ち、言葉に尽くせぬ寂しさが全身を満たします。

この折「数寄屋橋」を愛して頂きました多くの先生方の励ましのお言葉やご厚意により、この店を照らし続けた三十七年の灯火《ともしび》、四半世紀以上の歴史、先生方からご覧になられた数寄屋橋との出逢い、隠れたエピソード（数々のイベントなど）を集めた素晴らしい本が誕生いたしました。

御多忙中にも関わらず、偏に先生方のお力添えをたまわりましたおかげと心の中で手を合せ、改めて人の優しさ温かさに感動し、「数寄屋橋」のママをやれて良かった……といつの間にか頬が濡れております。

本当にありがとうございました。心より感謝申し上げます。

先生方の益々のご活躍をお祈り申し上げます。なお、先生方の御作品は、クラブ数寄屋橋の時系列に沿って、第一章「時の流れ」、第二章「イベントにかかわるエピソード」、第三章「思い出の花々」、終章「私の宝物《たからもの》」と物語風に配列させていただきました。

御容赦下さいませ。

園田静香

第一章

時の流れ

森村誠一

■

もりむら・せいいち

作家。1933年1月2日埼玉県生まれ。58年青山学院大学文学部卒業。日本文芸家協会会員、日本推理作家協会会員。主な作品は『高層の死角』(江戸川乱歩賞)、『腐蝕の構造』(日本推理作家協会賞)、『人間の証明』(角川小説賞)、『空洞の怨恨』(小説現代ゴールデン読者賞)、ほかに『悪魔の飽食』、『新幹線殺人事件』、『平家物語」、『人間の剣』、『忠臣蔵』、『笹の墓標』など。2003年日本ミステリー文学大賞受賞。

我が青春の「数寄屋橋」

顧みれば青春がそこにあった。ドアを押せば懐かしい顔ぶれがグラスを傾け、熱っぽく作品を論じ、志を述べ、恋を語っていた。銀座の夜は満艦飾のようで、いわゆる文壇バーと呼ばれる店が灯火《アンドン》を競い合い、作家や編集者が夕闇が街に降り積もるころになると集まって来る。

昼間、独りの仕事に疲れて、だれかに会いたくなると、足はおのずから銀座へ向いてしまう。小説は独りの作業であるが、パワーはたいてい外からもらう。「数寄屋橋」は私のパワーの重要な補給源であった。銀座の行きつけの店のドアを押せば、二人や三人、必ず見知った顔に出会う。知らない顔であっても、業界共通の独特な雰囲気があった。

私が銀座の洗礼を受けたのは「数寄屋橋」であり、昭和四十四年、つまり「数寄屋橋」開店二年目であった。当時、銀座には『夜の蝶』のモデルとなった「おそめ」「エスポワール」、そこから分かれた「眉」「葡萄屋」、「ラモール」「姫」「花ねずみ」などが妍を競い、いわゆる文壇の大御所がこれらの有名店に蟠踞《ばんきょ》しており、私のような駆け出しには畏れ多くて踏み込めなかった。

これら老舗の中に、エントリーしたばかりの「数寄屋橋」は、いわば私と〝同期〟のような店で、新人作家の銀座の拠点となりつつあった。

若い店には若い作家が集う。当時は「数寄屋橋」のママも二十代前半の花の盛りにあり、女性軍も若く、潑剌としていた。

まだ三十代の生意気盛りの私は、銀座が愉しく、週末となると銀座へ出た。当時は一店だけではなく、一夜に平均三店まわる。「眉」から発すると、「花ねずみ」を経て「数寄屋橋」が〝最後酒〟（最後の店）となる。これがおおむね順コースで、「数寄屋橋」から「眉」へさかのぼるのは逆コースである。時には編集者の大団体と共に観光バスで乗りつけたこともあった。私が毎週末必ず現れるので、「数寄屋橋」のナンバースリーかフォーの志保という女性に、「金曜日の男」と呼ばれた。

「数寄屋橋」で知り合った作家も多い。笹沢左保、生島治郎、大藪春彦、黒岩重吾各氏なども、いずれも鬼籍に入ったが、「数寄屋橋」で親しくなった。黒岩氏を除く三人はほぼ同年配で、いわば「数寄屋橋」の同期生である。

「数寄屋橋」を彩った女性軍も忘れられない。当時、チーママの瞳（「む」のママ）、藹記、志保、現在副社長の幸子、現在専務の真澄、早苗（現在「早苗」のママ）、抜群に頭がよかった千夏、酔うと「白鳥の湖」を踊るヒロ子、ミス熱海の貴和子等々、枚挙にいとまがない。艶聞や伝説も数多く生まれた。

銀座の灯火が華やかなときは、世の中は平和で繁栄している。銀座にあまり縁のない人でも、銀座は全国の郷愁のような街であり、銀座で遊ぶということは一種のステータスであった。

当時、新興の「数寄屋橋」に若手作家や編集者が集い、噂を聞きつけた故川端康成、丹羽文雄、村上元三、山岡荘八、川口松太郎、井上靖各氏の大御所作家が、老舗から「数寄屋橋」へ足を延ばすようになった。指名制の店が競い合う中で、オール制の「数寄屋橋」は激しい女の子の引き抜き合戦に耐え、孤塁を守った。この店の姿勢は、あまり豊かではない若手作家から巨匠大家にまで支持され、同店の全盛時代はつづく。

せっかく「数寄屋橋」へ行ったものの、店に客が溢《あふ》れて入れず、ママがフランチャイズした近所の喫茶店で待たされたことも何度かあった。店から派遣された若い女の子が侍《はべ》り、ちょうど飲みたくなったコーヒーをもてなされ、このまま帰ってしまおうかと飲み逃げのようなことも考えた。

折からバブル景気に世間は浮き立ち、銀座の灯火はますます明るく華やいでいた。店も若く、客も若く、まだ元気であった大御所作家も加わり、毎夜、お祭りのように人々が出盛っていた。コース途上、顔見知りに何度も出会う。別の店の女の子が客について来て、「数寄屋橋」で客に侍っているという奇妙な光景も珍しくなかった。

笹沢左保氏が看板近く、だれかおれと一緒に遠くへ行かないかと誘うと、わっとばかり数人の女の子が集まってきて、シャンペンとアイスペールをハイヤーに持ち込み、どこでもいいから北へ行けと命じたところ、目を覚ましたら花巻温泉であったという逸話がある。田邉茂一氏や梶山季之氏が店の女の子と誘い合い、看板後、伊豆の温泉へ行って、一夜、雑魚寝をしたなどというエピソードが毎夜のように生まれていた。

ある一流クラブをバブル成り金が一夜一千万円で総揚げ（買い占め）にして、他の客をすべて締め出したという今様紀文の逸話も生まれた。

ある夜、いつも編集者と一緒の私は、なぜか一人で「数寄屋橋」に立ち寄ると、珍しく静かで、徳間書店社長・故徳間康快氏が一人で飲んでいた。そのときが徳間氏と初対面であった。徳間氏は初対面の挨拶がわりにとオールドパーのボトルを一本、私にプレゼントしてくれた。私はもったいなくて、そのボトルに口をつけなかった。いまでも探せば、店のどこかに徳間氏から贈られたボトルが残っているかもしれない。

当時の銀座では、客も店の女の子も黒服も、みんなが青春をやっていた。

だが、バブルが弾けて景気が下向きになると、銀座の支持者《たにまち》であった大御所作家が次々に世を去り、老舗、名店もそれぞれの使命を果たして閉店していった。客の流れもだいぶ変わった。そのような潮流の中で、しぶとくというか、「数寄屋橋」は生き残った。

「数寄屋橋」の壁には、そこに集まった多くの客の想い出を塗り込めたかのように、張りめぐらした壁布が黒光りしている。あるとき、なにげなくその壁の一隅に目を向けた私は、「雨宿り花ある下の○○かな」という俳句を見つけた。下の五音が薄れて読めない。昼間、丁々発止と渡り合っている人たちが、夜の一時、「数寄屋橋」の花を侍らして憩うている場面を詠んだ句であろう。かすれて読み取れない下の五音に、客はそれぞれの下五を当てはめているにちがいない。私はこの一句から、長編小説の構想をおもいついた。昼間、火花を散らして渡り合ったライバル同士が、隣り合わせて仲良く飲む「数寄屋橋」は業界の非武装地帯であった。

年二回の数寄屋橋祭りに合わせて、この十年、紀伊國屋書店会長・松原治氏の主宰で、角川ホールディングス社長・角川歴彦氏と私の三人が「数寄屋橋」に集まるようになった。最近になっていわゆるアラーキーこと写真家荒木経惟氏が加わるようになった。松原会が開かれる数寄屋橋祭りには各界の錚々たる顔ぶれが集まり、人脈を広げる格好の社交場となる。毎回、松林宗恵監督が独特の松林節を披露するのも、松原会の名物となっている。

松林氏が所用があって欠席したとき、私が代理に立って無言館の話をした。信州・上田市郊外の小高い丘の上に無言館という小さな美術館が建っている。空から眺めると十字の形に見えるという、建坪八十坪ほどの美術館である。ここには館主が全国から集めた戦没画学生の絵が展示されている。

その中に数寄屋橋を描いた一枚の絵があった。銀座の象徴で、「君の名は」と共に全国的に有名になった数寄屋橋である。絵の解説を読むと、作者は伊勢正三さんという画学生で、数寄屋橋が大好きであり、戦場へ駆り出された前の日まで、毎日、有楽町に出かけては数寄屋橋の絵を描きつづけていたという。

私はしばらくその作品の前に立ち尽くしていた。銀座と戦場は正反対の位置にある。銀座を愛する人間が戦場に行きたがろうはずがない。遺族は「せめて正三にもっと長生きをさせて、数寄屋橋の絵を思う存分描かせてやりたかった」と語ったという。私はその数寄屋橋の絵に、画業半ばにして戦場へ駆り出された学生の無念が込められているような気がした。

無言館の壁面には、館主窪島誠一郎氏の次のような詩が掲示されていた。

「あなたを知らない
（前略）
あなたの絵は　朱い血の色にそまっているが
それは人の身体を流れる血ではなく
あなたが別れた祖国の　あのふるさとの夕灼《や》け色
あなたの胸をそめている　父や母の愛の色だ
（中略）
どうか許してほしい
五十年を生きた私たちのだれもが
これまで一度として
あなたの絵のせつない叫びに耳を傾けなかったことを

遠い見知らぬ異国で死んだ　画学生よ
私はあなたを知らない

知っているのは　あなたが遺したたった一枚の絵だ
その絵に刻まれた　かけがえのないあなたの生命の時間だけだ」

もし、この画学生が戦場で命を絶たれなかったならば、きっとクラブ「数寄屋橋」の常連になったにちがいない。

私がこの話をした後、同席していた「数寄屋橋」の客の何人かが無言館を訪問したと聞いた。春樹と真知子が出会った銀座の象徴である数寄屋橋は、その橋の姿を消した後も、その名前をクラブ「数寄屋橋」に引き継がれ、華やかな灯火をきらめかせつづけていた。いま、ビルの競売と共に、移転を余儀なくされている「数寄屋橋」は、きっと新たな拠点において、より華やかな灯火を灯し、新しい歴史をつくるであろう。「数寄屋橋」は銀座の夜の象徴であり、常に私の作家人生と共にあった。

顧みれば、そこに青春があり、未来には未知の展望が蒼く烟っている。「数寄屋橋」は志《ビジョン》を背負った旅人たちのオアシスとして、きらめき立つ銀座の灯火の中に明確な位置を占めつづけるであろう。

荒木 経惟

写真家

NOBUYOSHI ARAKI

古川 薫

■

ふるかわ・かおる

作家。1925年6月5日山口県生まれ。山口大学教育学部卒業。日本文芸家協会会員、日本ペンクラブ会員。主な作品は『走狗』、『十三人の修羅』、『漂泊者のアリア』（直木賞）、『獅子の廊下』、『長州歴史散歩』、『閉じられた海図』、『花も嵐も　女優・田中絹代』など。

博多の美妓変身
──園田静香さんのこと──

銀座のママといわれる女性は、僕にとって遠くに花ひらく高山植物のような生きものだった。ずいぶん前のことだが、白石一郎と滝口康彦と僕が「西国三人衆」と呼ばれていたころがある。三人の直木賞候補回数を合わせて二十回を上回るのをからかってのことである。

その三人がそろって上京した折、編集者につれられ、有名作家が出入りするとかの某クラブで飲む機会が一度だけあった。帰るとき表まで送りに出たその店のママが、僕らにこう言ったのだ。

「みなさん、直木賞をとったら、またいらっしゃいな」

生まれてはじめて間近にご尊顔を拝した銀座のママという種族の女性だったが、それにしても言ってくれるものだな、候補ぐらいでは一人前の作家じゃない、顔洗って出直しておいでというわけか。その人が美人なだけに、余計うら悲しい気持ちにさせられたものだ。そんな屈辱を味わいながらも、大して腹を立てるでもない、風采のあがらない田舎者の無気力さが、今にして情けない。

園田静香さんに会ったのは、それからしばらく後のことだった。銀座のクラブ「数寄屋橋」の静香ママは今も美人だが、そのころの彼女は快活なお嬢さんが和服を着て気取っているような感じの若手ママだった。

最初、「数寄屋橋」につれていってくれたのは、多分文藝春秋の岡崎正隆さんだったと思う。僕が「西国三人衆」のひとりと知ると、すかさずママが「わたくし、博多よ」と懐かしげに言う。博多芸者だった前歴が分かり、道理で和服の好みや着こなしがあか抜けしていると納得もしたのだった。

僕は下関で暮らしているのだが、下関には高杉晋作や伊藤博文らが浮名を流したころよりもっと大昔から、馬関芸者という粋筋のお姐さんたちが活躍していたのだ。晋作の愛人おうのさんも「此の糸」という馬関芸者だった。晋作亡き後は、二十三歳で尼になり、墓守をして六十七歳で、死ぬまで操を立てた。

粋とはすなわち心イキだ。博多でもそれを誇る女性群が、古い伝統を守ってきた。博多芸者は馬関芸者より格が高く、下関から博多の検番に移るのは出世とされたものだ。

下関は地盤沈下で、今は芸妓も姿を消してしまったが、博多は健在である。大相撲の九州場所をテレビで観戦していると、たまに黒紋付の粋なお姐さんたちが、ズラリと桟敷にならんだ風景があらわれる。最近は若い女性がこの業界にもふえつつあるらしい。そんな彼女たちを見て、ふと静香さんがその中にまじっているような錯覚をおぼえるのは、いつかこんなことがあったからだ。

ある年の九州場所千秋楽を見ての帰り、立ち寄った博多のホテルのロビーにたむろする賑やかな一団の中に偶然、静香ママがいるのを発見した。さほど常連客でもない僕を彼女もめざとく見つけて、「あらあら」と実に親しげに声をかけてくるのである。そのときの静香さんに一瞬、僕は美妓変身のおどろきを味わったものだった。

僕が西国の人間と知ったせいか、「数寄屋橋」の静香ママは、親しみを感じてくれたのだろう。そして「直木賞をとったら、またいらっしゃい」などとは決して言わなかった。彼女は貧乏作家の僕を大事にしてくれるたった一人の銀座のママであったし、今もそうである。

いや、それは僕が西国の者だからという理由ではなく、彼女は根っからそういうリベラルな性格だということが、しだいに分かってきた。肩書で人を差別しない侠女の気質を、たおやかにのぞかる、こうした最初の出会いの印象は、その人とつきあう限りいつまでも色褪せないのである。

ところで静香ママはなかなかの才女で、日本舞踊は昔とったキネヅカだろうが、それとは別に本の装丁などもこなす。その仕事で受賞したこともあるのだから、やはりただ者ではない。端倪《たんげい》すべからざる何かを潜めるオミナとみた。

まあそんなことで、僕は静香ママに惚れてしまったのだ。といって下世話にとられては彼女が迷惑するので、無粋な弁解もするのだが、要するに片思いである。僕は女性とのつきあいは、中性の友人関係というのはつまらないと思っている。いっそ片思いぐらいのスタンスで対しているのが、精神衛生上にもよろしいようだ。

滝口康彦はこの前逝ってしまったが、いつか僕が静香ママのことを話すと「なんだ、お前も『数寄屋橋』のママさんに岡惚れしちょるのかい。おれは惚れっぽいので、片思いの連発だが、とにかく恋の至極は忍ぶ恋と見立て候だ」と笑った。佐賀の康彦が元気なころ、たった一つ教えてくれたそれが『葉隠』の恋の極意である。

僕はその後、直木賞はもらったが、遠い土地に棲んでいるし、そんなに稼ぎがあるわけでもないので、銀座を飲み歩くといったこととは無縁の生活をしている。たまに上京したときに、行くとすれば「数寄屋橋」だ。僕が知っている銀座のママといったら園田静香さんだけだから。

以前、著名な劇画原作者が、「数寄屋橋」で大暴れして警察官出動という新聞記事を読んで、おどろいたことがある。それで銀座のクラブ「数寄屋橋」は、全国に名を馳せたのだった。大乱闘があったというセンセーショナルな報道だったので、彼女の気性なら巻き込まれでもしたのではないかと、少し心配だったので電話すると、あっけらかんとした笑い声が受話器の底でひびいた。本州最果ての地から、銀座のクラブでの騒動のお見舞い電話など、おれという人間は何をしているのだろうと苦笑したりもしたのだった。

僕の自分史のひとこまが、クラブ「数寄屋橋」にささやかに関わっているのだ。三十六年間という歳月、東京の銀座に店をひらいてきた「数寄屋橋」には、華麗かつ波瀾万丈の風俗史が積み重ねられてきたにちがいない。それは同時に園田静香さんの自分史でもあるのだ。

このたび店を閉じるという報告をつづったクラブ経営者園田静香女史の手紙の、叙情に満ちた文言の末尾に、一首の歌が詠まれている。

客《ひと》去りて夜更けの店に独り居ぬ
　想ひ出滲む壁と語りつ

万感胸にせまるとはこのことだろう。低い旋律となって漂う悲痛な訴えが、しんしんと伝わってくる。その感慨はわれわれの想像をはるかに超えたものだろう。

静香さんは「新数寄屋橋」をほどなく立ち上げるという。博多の美蝶ふたたび変身をとげて、東京砂漠に拓く新しいオアシスの祝砲とどろく日を心待ちにしている。

岳宏一郎

■

たけ・こういちろう

作家。1938年3月6日宮城県生まれ。早稲田大学卒業。日本ペンクラブ会員。TVドラマ・舞台の脚本家、雑誌のフリーライターなどを経て作家活動に入る。主な作品は『群雲、関ヶ原へ』、『軍師官兵衛』、『蓮如　夏の嵐』、『御家の狗』など。

昭和四十五年十一月二十五日

昔、静香さんの店に行ったことがある。連れて行ってくれたのはテレビプロデューサーのM氏である。

店はひどく混んでいたが、わたしたちはなんとかカウンター近くのテーブルにつくことができた。

そのとき、M氏が一方を見てこう囁いた。

「三島由紀夫が来ている」

声は軽い興奮を表していた。

わたしはゆっくり体の向きを変えた。なるほどM氏の視線の先には、週刊誌やテレビでしばしばお目にかかる人気作家の顔があった。三島氏には何人か連れがあるようだった。大方、担当編集者でもあったのだろう。

椅子に浅く腰を下ろし、背筋をピンと伸ばした三島氏は、ときどき甲高い笑い声を上げた。

わたしは傑出した人物を目撃したときに感ずる一種始末に悪い酩酊感のようなものを味わった。といっても、氏を傑出した作家と考えるようになったのは『豊饒の海』を読んでからであり、たかだか数ヶ月前のことだったが。

わたしは長いこと、氏の作品に馴染むことができなかった。氏はノーベル賞の季節が巡ってくるたびその名前が取り沙汰される屈指の小説家であり、戯曲作家である。大衆文化に関する論客でもあった。早く読まなければと思いつつ、だが、それができなかった。わたしは、氏の思想にも、感性にも、作中の形容詞の羅列にも、旺盛な自己顕示欲にも小さな反発を覚えた。

たとえば映画である。氏は何本もの映画に出演したが、出来ばえは褒められたものではなかった。氏が主演、監督した短編映画『憂国』を傑作のように言う人がいるが、それはまったくの世辞である。わたしは『憂国』を新宿のアートシアターで観たが、感じたのは気恥ずかしさであった。演技とは自らのマイナスを探りあてる作業のはずである。場内からも盛大な失笑が起こった。

昭和三十一年、深沢七郎氏が『楢山節考』で登場した。形容を排し、ひたすら本質に肉薄するような作品だった。深沢さんはこの一作で文学史に名を残すだろう。わたしは三島氏の狼狽を思った。

なぜ『豊饒の海』を買う気になったかはもう思い出せない。わたしは初巻の『春の海』を一読しただけで、ただならぬ気配に気がついた。そこにはルージュモンの影響らしきものが残っていたが、しかしそうした構想に関わる生硬なものは、氏の逞しい感性によって消化され、日本的な美に形を変えていた。

わたしは第二作『奔馬』、第三作『暁の寺』と読み進んだ。『暁の寺』の、寡婦が死を待つくだりでは体が震えるほど感動した。

「数寄屋橋」で三島氏を見かけて、一週間が経った。その日、わたしは、一時ごろ横須賀線で新橋に出た。烏森口の街頭テレビの前は黒山の人だかりだった。三島氏が陸上自衛隊の市ヶ谷駐屯地で、隊員に決起を呼びかけたあと、総監室に引き返し自決したという。

間違いであってほしかった。わたしはしばらくベンチから立ち上がることができなかった。

いま一度、「数寄屋橋」に戻る。

先日、静香さんから、ビルが建てかえられることになり、オーナーから一時立ち退きを迫られているというような話を聞いた。多くの作家、編集者が愛した憩いの場所が消えるのはいかにも残念である。

さて三島氏である。氏が座っていたあの椅子もビルと運命を共にし、廃棄物として夢の島に行くことになるのだろうか。

三好京三

■

みよし・きょうぞう

作家。1931 年 3 月 27 日岩手県生まれ。71 年慶應義塾大学文学部（通信教育）卒業。日本文芸家協会会員、日本ペンクラブ会員。主な作品は『子育てごっこ』（文学界新人賞、直木賞）、『分校日記』、『いのちの歌』、『満ち足りた飢え』、『小説・小野小町伝説』など。

銀座で飲みたい！

わたしが、

――将来、なにがなんでも作家になる――

と思い決めたのは、昭和二十年（一九四五）八月、終戦の日から十日程経ってからのことである。戦争が終わってすぐ、親友の佐々木柳太郎君がわたしとやはり親友の金本高雄君に持ちかけてきた。

「これからは、女学生を見詰めても彼女たちの噂話をしても、蛮カラ上級生に殴られることはないから、好きな女学生のことを思い切り書いてみないか」

わたし（本名佐々木久雄）と柳太郎君、金本君は岩手県胆沢郡前沢町育ちで、小学校時代は同じクラスであった。わたし、柳太郎君、金本君の順で級長に選挙されてもいた。国民学校初等科を卒業すると、共に岩手県立一関中学校に入学している。

そして終戦の時は柳太郎君、金本君は三年生、わたしは前の年に右肺浸潤症を病んで休学しているから、留年して二度目の二年生である。

思春期に入っていた三人は、それぞれ好意を覚えている女学生について恋文めいたものとか詩、思い出話などを書き、柳太郎君がそれを綴じた一冊の本とした。タイトルは「青春」で表紙の文字はわたしが毛筆で書く。これを互いに読み合ってから、柳太郎君がしみじみ言った。

「やっぱり久雄ちゃんの文章が一番いい。久雄ちゃん、文章家になれ。『里香よ里香、ああ、里香よ!』なんて書けるのは、久雄ちゃんしかいない」

金本君もうなずき、

「そうだ、久雄ちゃんには文章家がよく似合う」

と言ってくれた。そしてわたしはたちまちその気になるのである。家業の陸上小運搬業(荷馬車引き)も農業も継ぐ気は全くなかったから、この日から文章家=作家は、絶対に達成すべき将来の目標となった。

それからは作家を夢見てメモ、雑文を書き、流行作家の小説を読み漁る。「無頼派」と呼ばれた織田作之助、太宰治、坂口安吾のものが面白く、伝統的名作はそっちのけで無頼派オンリーである。そのうちに、この作家たちがしきりに銀座のバーを飲み歩いていることを知った。そして思うのである。

――俺は早稲田大学に入り、中退して作家になったら織田作・太宰・安吾のように、銀座のバーを飲み歩きたい――

そして誰彼無しに、

「俺は銀座のバーで飲みたいから作家になる」

と触れ回るようになった。文学が好きで、親友からも勧められたから作家になるのではなく、先輩作家のように、銀座の文壇バーで浮かれたくて作家を目指すのである。

それから三十年、随分と長い年月を経て、昭和五十年（一九七五）十月、わたしは小説『子育てごっこ』で第四十一回文学界新人賞を受け、やっと念願の物書きとなった。そして同じ作品で第七十六回直木賞を受けた昭和五十二年であったろうか、東京有楽町の日劇で開催された文士劇に出演する。タイトルは忘れたが時代劇で、馬に乗り、みちのくの片田舎からお江戸の芸者さんと遊びたくて出て来る男の役である。恐れ多くも馬方の役は田中小実昌さんだった。

大根役者のわたしはとちってばかりいたが、楽屋に戻るとそのような文士劇役者を接待する女性たちがいた。ビールを注ぎ、酒を勧め、あでやかに笑う。やがてその女性たちが、みな銀座のバーの女性であることがわかった。

——俺もとうとう銀座のバーの女性にお酌をされた——

と嬉しくてたまらない。そして文士劇が終わると、わたしの係のように付き添ってくれた早苗という女性が、

「うちの店に一緒に行きましょ」

と誘うのである。出番を待つ間、その早苗ちゃんのサービスを受けながら、

「あんたの店の飲み代は一回なんぼぐらいだ?」

と訊ねてもいた。そして、

「一人二万円位かしら」

という答えをもらい、ならば岩手のちょっと高いバーとあまり変わらない、と安

心していた。

それで、やっと憧れの銀座のバーに行けると思いながら立とうとすると、田中小実昌さんとか、違う演し物に出演した藤本義一さんほかの作家たちも、それぞれ付き添った女性たちから誘われているようすである。

かくてわたしは早苗ちゃんに伴われ、彼女の店へ行った。店の名は「数寄屋橋」ということである。

――ここが憧れの銀座のバー――

実は直木賞受賞の夜、祝賀会の後に、大先達の水上勉先生から行きつけの店にご案内いただき、銀座のバーの初体験はすでにしていた。しかしそこはスタンドバーで、女と戯れる感じの店ではない。

多くの座席が男女の歓談で賑わう「数寄屋橋」で、早苗ちゃんのほか、ママの静香さん、チーママの瞳さん、すごい美人のナオミちゃんたちに囲まれて杯を交わすと、とにかく嬉しくてたまらない。本望達成である。

大いに飲みながら、しかしこの店にはカラオケがないと思っていた。それで得意の歌も歌えなければダンスもできない。田舎のバーとは全く違うが、しかしわたしは作家の集まる銀座のバーでありさえすればそれでいいのであった。

その後、上京する度に一人で、あるいは編集者と共に「数寄屋橋」通いをする。そしてわかったことは、文壇バーは作家同士、または作家と編集者とのくつろぎの場であり、話のできる状態が望ましいのでカラオケは置いていないということだ。流行作家の笹沢左保さんは、カラオケバーに行くと下手な歌にも拍手をしなければならないのが鬱陶しいと、全然行くことはないそうである。

もう一つはっきりしたのは、わたしが早苗ちゃん専任の客として位置づけられていたということだ。ほかの女性もサービスしてくれるが、早苗ちゃんが当番の如くにいつもわたしに付き添うのである。せっかく銀座のバーに来たのに、このようにおとなし過ぎるまじめな女性が俺の当番かと、正直のところ少々気落ちした。そしてある晩、「数寄屋橋」に一緒した編集者が早苗ちゃんに訊ねた。

「あんた、どこの生まれ?」

「東京浅草です」

「へえ、どう見ても田舎、Z県あたり生まれとしか思えないが」と編集者は本気で驚いていたから、早苗ちゃんを都会生まれの垢抜け美人と感ずる客はほとんどいなかったようすである。

もっとも、後でわかったことだが、「数寄屋橋」で一番偉いママの園田静香さんは熊本県生まれで、ミス熊本となった経歴があるということだし、チーママの瞳さんは北海道生まれである。今にして思えば、どこで生まれようとも美人は美人、ブスはブスなのだ。美男・醜男も同じであり、蝦夷地岩手県からは天才石川啄木や俳優宇佐美淳、そしてわたし三好京三が出ている。

さて、憧れの文壇バー「数寄屋橋」での楽しみは、早苗ちゃん始め若い女性たちと放談しながら飲めることであった。どのように上品なことを言っても下品なことを言っても、すべて受け入れ、明るくもてなしてくれる。わたしは嬉しく、席についてくれるどの女性とも仲良くなった。

そのようなある晩、絶世の美人ナオミちゃんが、遅れてやって来た早苗ちゃんをからかって言った。

「サナミ、あんたが来ない間にわたし三好先生をもらったからね」

わたしが瞳、ナオミと名前に「ミ」のつく女性に好意を持つので、わたし担当の早苗チャンも「サナミ」と呼ばれたりするようになっていたのだ。

からかわれた早苗ちゃんは、笑いとばすと思いきや、

「何よ、ばかにして！」

とむくれ、その美貌でナオミちゃんを睨みつける。自分の獲得した担当の客を奪われてなるものか、という表情だ。それを見ながらわたしは、

——これこそ銀座の女の職業意識——

と驚いたものである。

梯子酒とか編集者の誘いで、ほかの文壇バーに行くこともあったが、田舎者で地理音痴のわたしにとっては、「数寄屋橋」こそがありがたい銀座のバーとなった。

「お泊まりは銀座第一ホテルがいいわ」

と「数寄屋橋」に近いホテルを教わったこともある。

泥酔してそのホテルに帰ったある深夜、早苗ちゃん、瞳さんたち、「数寄屋橋」

の女性五、六人が揃って訪れたことがあった。

「へえ、先生はこのような部屋に泊まっているのね」

などとみんなで見回し、

「先生、大丈夫?」

とベッドの酔ったわたしを気づかってくれたりもした。嬉しくなって起き上がり、ホテルのレストランに行って、みんなで二次会を催しはしなかったか。

このように、「数寄屋橋」の女性たちはみなやさしく明るかったが、わたしは誰とも特別な関係となることはなかった。生来、まわりの者たちが驚くほど廉潔であり、女性に友情以外の感情を抱いたことはない。しかしこれも本音を言えば、臆病な田舎者として、憧れの歓楽街、銀座のバーの女性に挑むのがこわかったのだ。

「数寄屋橋」でもう一つありがたいのは、先輩大作家たちの顔が見られることであった。十四歳から憧れた念願の作家となり、編集者と銀座で飲めるだけでわたしは十分に満たされている。そこが文壇バーだから、雲上人のような先輩作家が次々に顔を見せるのである。

早苗ちゃんからその作家の名前を聞くなどしては、

「へえ、あれが有名なX先生」

と感動する。中でよく見かけるのは早乙女貢さんであり、

――うむ、本物の作家はあのように和服で銀座を飲み歩くのか――

と思ったものだ。

ある晩、早苗ちゃんやチーママと飲んでいた時、上品な女性がわたしの席の前にやって来てお辞儀をした。緊張して姿勢を正すと、

「三好先生でいらっしゃいますね。宮尾登美子でございます」

とおっしゃる。

「はい、この度は……」

おめでとうございます、と言ったかどうか。昭和五十四年（一九七九）二月、宮尾登美子さんは小説『一絃の琴』で第八十回直木賞を受賞しておられたのである。

その直後のことであったろうか。

「よろしくお願いいたします」

宮尾さんはもう一度ていねいにお辞儀をし、ご自分の席に戻って行かれた。

――同行の編集者からわたしのことを聞いて挨拶に来られたのか――

宮尾さんの礼儀正しさに恐縮しながら、このような無頼派の田舎者にご挨拶を下さるなんて、と嬉しくてたまらなかった。

ちなみにわたしが第七十六回直木賞を受けた時の候補作と作者は次の通りである。
・『滅びの笛』西村寿行
・『葵と芋』有明夏夫
・『さらば静かなる時』三浦浩
・『陽暉楼』宮尾登美子
・『適塾の維新』広瀬仁紀
・『夏至祭りの果て』皆川博子
・『子育てごっこ』三好京三
それで宮尾さんは、わたしを仲間と思って下さったのかもしれない。

「数寄屋橋」でくつろぐ度、わたしは作家になれたことが嬉しくてたまらなかった。

受賞後十年間はとても忙しかったから、東京に出る回数も多かったし、それだけに「数寄屋橋」の明るさと穏やかさに助けられてもいたのだ。

調子に乗り、宮尾登美子さんが直木賞を受けられた昭和五十四年歳末の十二月二十一日、わたしは日劇で開かれた「第十回・年忘れ文化人歌謡大行進」に早苗ちゃんと二人で出演した。歌ったのは「銀座の恋の物語」であったか。その時わたしたちは歌唱賞を受け、手元には今も「贈・三好京三殿」と記した表彰額がある。

静香ママに育てられた女性の中には、銀座のママとして出世する者も多く、現在チーママの瞳さんは「む」という店を、三好京三係の早苗ちゃんは「早苗」という店を、それぞれ銀座八丁目に持っている。

早苗ちゃんが独立する時にはちょっとした相談を受けたりしたものだ。それで盛岡市で岩手県の有志による文士劇が開かれた時、わたしは東京から早苗ママを呼んだ。文士劇はどうしても銀座のバーと結びついてしまうのである。早苗ちゃんはお店の女の子と二人で来県し、盛岡文士劇の出演者たちに大いにサービスしてくれたものだ。帰りにはわが家に寄り、家内とも歓談した。女らしく清潔な早苗ちゃんとわたしの間につき、家内がやきもちを妬くことなど全くない。

七十三歳となったこの頃は、上京することも少なくなったが、出版社の忘年会とか作家の集うパーティにたまに出席すると、静香ママを始め「数寄屋橋」の女性たちと会うことができ、とてもなつかしい。

このように、銀座で飲みたくて物書きになったわたしを喜ばせた「数寄屋橋」が移転するというのは淋しいが、静香ママと「数寄屋橋」の筋金入りの女性たちの力をもってすれば、魅力的な銀座のバー「数寄屋橋」の存在は永遠である。

わたしもいかに老いようが、わが娘の実父きだみのるが「生涯現役」を言い、亡くなる三年前の七十八歳の時にもすぐれた本を出版したように、七十八歳までも八十歳までも現役で、なんとか「数寄屋橋」通い、「む」通い、「早苗」通いを続けたいものである。

北見 けんいち

漫画家

KENICHI KITAMI

西木正明

■

にしき・まさあき

作家。1940年5月25日秋田県生まれ。早稲田大学中退。主な作品は『オホーツク諜報船』（日本ノンフィクション賞新人賞）、『凍れる瞳』、『端島の女』（直木賞）、『夢幻の山旅』（新田次郎文学賞）、『夢顔さんによろしく』（柴田錬三郎賞）、『其の赴く処を知らず』、『冬のアゼリア』など。

あの「数寄屋橋」

あの「数寄屋橋」が引っ越しする。

友人からそんな噂を聞かされた時、いまさら何を、と思った。ある雑誌の企画で、女優の岸恵子さんと対談した直後のことだったからだ。

いうまでもなく岸恵子さんといったら『君の名は』、『君の名は』といったら数寄屋橋である。岸さんからは、『君の名は』の時代の話をたっぷりと聞かせていただいて、その余韻にひたっていた時でもあった。

もちろん、数寄屋橋が架かっていたお堀はとうに埋め立てられ、橋そのものも消え失せている。だから引っ越そうにも、数寄屋橋そのものがわれわれの記憶の中にしかないのだから、出来るわけがない。

わたしがきょとんとしていたからだろう、「数寄屋橋」引っ越しの噂を吹き込ん

でくれた友人は、にやにや笑いながら、

「まあ、どこに引っ越しをするにしろ、あの元気印のママやお姐さんたちが健在なら、店から噴き出す淫風――じゃなくて熱風をどこにいても感じられるだろうから、大きく変わることはないだろうがね」

「ちょっと待った」

わたしは腰を抜かさんばかりに驚いて聞き返した。瞬時に思考回路が真知子巻きの美女が立つ古い数寄屋橋から、美男美女のさんざめきが渦巻く、古い――というか、年季が入った壁や調度品と、和服の博多美女がいる、あの「数寄屋橋」に切り替わる。念のために付言すると、年季が入ったという形容は、壁や調度品という言葉にのみかかっている。

「じゃ、なにかい、あの『数寄屋橋』がどこかに引っ越すのかい?」

「ああ、あの『数寄屋橋』が引っ越すんだとさ」

友人は、ことさらに、あの、を強調してわたしの言葉をなぞった。

「なんでも、入っているビルが売られて、移らざるを得なくなったんだそうだ」

「だってあの『数寄屋橋』は、地下にあるんだろ？　上物がなくなったって地べたの中にある物は――」

「ばかだな、お前は。地下鉄などのような恒久施設とはちがうんだぞ、あの『数寄屋橋』は」

そうなんだ。とわたしはしょんぼりと肩を落として納得した。わたしにとってあの「数寄屋橋」は、ある意味で、行くといつでもそこにある恒久施設のような存在で、どこかに行ってしまったり、なくなってしまうなどということは、考えたこともなかった。

行くとそこにあるばかりではない。行こうとしなくても、そこにあった。行こうとしない時は、向こうからやってきた。

たまたま立ち寄る時間がなかったり、他の店で約束があったりして、あの「数寄屋橋」の前の通りを、断りもなく通りすぎようものなら大変だ。翌日すかさずママから電話がかかってきて、

「昨夜は銀座に出ていたんですってね。ウチの前を歩かれていたのを、ウチの子が

ちゃんと見ていましたよ」

ドキッ。天網恢々疎にして漏らさず、ではないが、まるで潜望鏡かなにかで、地下から道路をずっと監視しているかのようだ。わたしは小心者なので、あの前の通りを無断で通る時、ことさらに背中を丸め腰をかがめてしまうから、かえってあの「数寄屋橋」の心眼に捕らえられてしまうのかもしれない。

あの近くの居酒屋さんで軽く腹ごしらえしている時、突然あの「数寄屋橋」からお迎えの娘がやってきて、艶然と微笑みながら、

「お食事の後お越しになった時、すぐお座りになれるように、席を用意しておきますとのことです」

と言われたこともある。キモを潰しつつ、

「おたくは伊58号みたいだな」

などと、今時の若い女の子には百パーセント理解不能のオヤジギャグを飛ばして、ささやかな抵抗を試みたりした。伊58号は先の大戦終了直前、アメリカ海軍巡洋艦「インディアナポリス」を撃沈した、帝国海軍の潜水艦だ。「インディアナポリ

ス」は広島に投下された原爆を、マリアナ諸島のテニアン島まで運んできた巡洋艦である。

ともあれ引っ越しはするものの、なくなるわけではなさそうなので一安心だ。今時めずらしいコンサーバティブにしてトレンディ、アバンギャルドにしてアルカイックな社交場を失うことは、国家的な損失なのだから。

国家的損失と言えば、新しい場所でも、極力現在の雰囲気を残していただきたいものである。たとえばあの独特の風合いを持つ壁。あの壁の雰囲気を新天地に持ち込むのは至難のワザだと思うが、なに、現在国家的事業として行われている奈良のキトラ古墳復元作業では、壁を剥がして補修するというではないか。だから、場合によっては先人のタバコの匂いと汗、涙が染みついた、あの「数寄屋橋」の壁を、そのまま移植するというのも、ひとつの在り様かもしれない。

ともあれ、あの「数寄屋橋」が、『君の名は』の数寄屋橋のように、わたしたちの記憶の中にのみ生きることにならなくて、ほんとうに良かった。皆様との一日も早い再会を。

ちば てつや

漫画家

TETSUYA CHIBA

大沢在昌

■

おおさわ・ありまさ

作家。1956年3月8日愛知県生まれ。77年慶應義塾大学法学部中退。日本文芸家協会会員、日本ペンクラブ会員、日本推理作家協会常任理事。主な作品は『感傷の街角』（小説推理新人賞）、『新宿鮫』（吉川英治文学新人賞・日本推理作家協会賞）、『新宿鮫　無間人形』（直木賞）、『パンドラ・アイランド』（柴田錬三郎賞）など。

聖地

さて、何から始めようか。

そこは、私にとり、足を踏み入れることを願い、夢にまで見た場所だった、という話から始めよう。その存在を知ったのは、名古屋に住む高校生であった頃で、〝銀座のクラブ〟など想像しようにも、何ひとつ材料をもっていなかったのだが。

一九七一年の八月、梶山季之氏が責任編集者となって『噂』という月刊誌が創刊された。

「文壇のゴシップ誌」を謳ってはいたが、下世話ではあっても下品ではなく、田舎の片隅で作家を夢見る少年には、憧れの人々の生活をかいまみるような興奮を与えてくれたものだった。

ちなみに手もとにある創刊号の目次を並べてみよう。

「特集　知られざる大宅壮一　座談会」

「対談　文壇葬儀係は坊主も値切る　榎木昌治・梶山季之」

「対談　あーむずかしい日本のハードボイルド　生島治郎・五木寛之」

「随筆『原稿料と税金』　柴田錬三郎、遠藤周作、吉行淳之介、黒岩重吾、川上宗薫」

なんと豪華なメンバーだろう。私はこの『噂』を創刊号から休刊号まで読みつづけた。

クラブ「数寄屋橋」の存在を知ったのも、『噂』からだった。東京の銀座には、「数寄屋橋」と「眉」という「聖地」がある。そこには夜な夜な、作家たちが集い、彼らしか知らない、秘められた世界〝文壇〟のやりとりがあるらしかった。

〝文壇〟、なんとおごそかで、特権的な響きをもつ言葉だろうか。作家、画家、評論家、出版社の人々が集まり、創造的な会話を交わすためには、豪華な舞台装置が用意されなければならない。当然そこには美女がはべり、婉然《えんぜん》と美酒をさしだしていることだろう。

「数寄屋橋」や「眉」がまさにそれで、別名を「文壇バー」と呼ばれているとも、

『噂』の記事にはあった。

いきたい。

記事を読み、ため息をついたものだった。

「文壇バー」にいくには、作家にならなければならない。しかし、それはまさしく夢そのものだ。

だからそれからちょうど十年後の三月、クラブ「数寄屋橋」に初めて足を踏み入れた私は、幸福と緊張で、卒倒しそうになった。十分後、別の理由で卒倒しそうになっていたけれど。


順を追おう。『噂』の創刊から八年後、私はある小説誌の新人賞を得て、デビューした。そのときの選考委員は三名、生島治郎さんと、海渡英佑さん、藤原審爾さんだった。

中学生からハードボイルド作家を志していた私にとり、生島さんは憧れの人だった。中学三年のときに、質問状ともファンレターともつかないませた手紙を送り、なんと便せん八枚にも及ぶご返事をいただいて以来、「生島治郎につづいて、日本にハードボイルドを定着させるのは俺の使命」と勝手に思いこんでいた。

中学、高校と、発表するあてても価値もない習作を書きつづけ、新人賞に初めて応募したのが二十一のとき、落選をいく度か経て、ようやく受賞が二十三だった。

このとき選考委員に生島さんがいらしたのは偶然だった。選考座談会によれば、生島さんはまず辛いことをおっしゃり、後半は私の候補作を擁護して下さっている。その結果、なんとか受賞できた。

ささやかな授賞式で初めてお会いし、中学生のときに手紙の返事をいただいた話をすると、ぎろりとにらまれ、

「ありえんな。俺はファンレターに返事なんか書かねえよ」

否定された。

それを証明する機会が得られないまま二年がたち、二冊目の本が上梓されたのを機会に勇を鼓して電話をした。

本をさしあげたい。ついてはお会いしていただけないでしょうか。

このとき生島さんは四十八歳、なんと今の私と同い年だ。約半分の年齢の〝駆けだし〟から会いたいといわれて、よくでてきて下さったものだと思う。

正直、私が今、新人に「本をさしあげたいので会って下さい」といわれたら、「悪いな、宅急便で送ってよ」で片づけることだろう。

待ちあわせ場所は、帝国ホテルのランデブーラウンジだった。期待をこめてさしだした、私の長編小説を、生島さんはさして興味のあるようすもなくぱらぱらとめくり、

「飯でも食いにいくか」

といわれた。本の話をもっとしてほしい、と願いながらも、私は「はい！」と答えていた。

その夜、私は初めてクラブ「数寄屋橋」に足を踏み入れたのだ。そのコースを書けば、まず「菊鮨」で食事、それから、「まり花」。ここで吉行淳之介さんとお会いし、ぽーっとしている間に紹介され、うろたえ、次に「眉」にいき、さらに「数寄屋橋」へ連れていかれ、前年、推理作家協会入会の際に、面識もないのに推薦理事

の労をとって下さった佐野洋さんがいらしていて、硬直してうまくお礼を申しあげられず、さらに「数寄屋橋」の美女の面々と、今でいう〝アフター〟、麻布十番のイタリア料理店「ガンチャ」まで引き回していただいた。

生島さんは男盛り、独身の頃で、やたら女性にもてた。「キャー、生島先生!」といった調子である。「眉」にしばらくいるうちに、あまりに次から次に女性がやってくるので、「なんだかこの店はうるせえな、次いこうか」

と腰をあげた。

このとき次がクラブ「数寄屋橋」であるのを私は予感していた。十年前の予習がよみがえったのだ。

「『数寄屋橋』ですか」

銀座の通りを歩きながら訊ねると、生島さんは一瞬、「ん?」といった表情を浮かべた。

「いったことあるのか」

「いいえ。でも『噂』で読みました」

「ああ」

と生島さんは顔をほころばせた。

「梶さんがやってたやつか。いい人だったな、梶さんは」

しみじみとした口調でいった。夢が現実につながった瞬間だった。

あの『噂』に登場していた酒場に、憧れの作家と、同じ作家として足を踏み入れられる。たった二十五歳だったが、今日俺は死んでもいいぞ、というくらい幸福だった。

裏通りを歩き、ふたつある「数寄屋橋」のビルの入口のうち、細い路地に面した側から生島さんは階段を下った。

今思い返してみると、その後何度となく、生島さんとは「数寄屋橋」を訪ねたが、生島さんはいつも路地に面した方を好まれた。

古い建物だった。歴史があるのだな、と階段を下りながら思った。

階段を下りきったところにある扉は閉まっていたが、華やかな嬌声がもれていた。

ついにきた、きてしまった。生島さんが扉を押し開けた瞬間、私は心の中でつぶやいていた。

席にすわり、少し落ちついてからあたりを見回した。店内は暗かった。壁はくすんだ色合いで、本当にくすんでいるところもあった。

女性陣が席についた。

「今売りだし中の新人で、大沢くんだ」

生島さんが私を紹介した。

その夜の私は、ムートンのハーフコートの下はシャツ一枚、といういでたちだった。

「ちょっと見て、シャツ一枚よ！　寒くないの？」

「コート着てますから」

「下着はなし？」

「ええ」

やにわに胸もとに手がさしこまれた。私がさしこんだのではない。当時の「数寄屋橋」で最年少だったホステスS嬢の手が、私の素肌の胸に触れてきたのだ。

「本当だ！　下着つけてない。スベスベしてる」

「どれどれ？　キャー、本当よ。肌が若いわー」

「おいおい、いくら若いのに飢えてるからって、それはないだろ」

生島さんが苦笑しながらいった。

「だってホントに若いんだもん。でも作家なんだもんね。センセイって呼ばなきゃね。センセイは何飲むの？」

こ、ここがあの「聖地」なのだ。私は呆然としていた。歴史と伝統を感じさせる店内には、最年少でも私より二歳上という、歴史と伝統を感じさせる美女ばかりだった。


次に「数寄屋橋」に足を踏み入れるのはひと月後の四月のことだ。推理作家協会のパーティにでた私を、生島さんが見つけてくれ、

「どうだ、いくか」

と誘って下さったのだ。このときも「数寄屋橋」「眉」「まり花」と回っている。

「ピラニア軍団」と、生島さんは「数寄屋橋」の女性たちを呼んでいた。店がハネたあと、六本木などの深夜まで営業している料理店に女性を何人か連れていく。このとき、とにかくよく食べることから、その渾名をつけたらしい。

あるとき生島さんともうひとりの作家とで、「眉」の女性たちを連れて六本木の料理店にいた。そこへ「数寄屋橋」の軍団が女性たちだけで現れたのだそうだ。

「生島さん、大変だ、どうしよう」

うろたえる作家に、

「会っちまったもんはしょうがない。覚悟しようや」

「数寄屋橋」軍団は、めいめい好きなものを注文し、食べ終えると、勘定書を手に生島さんたちのテーブルにやってきた。

にっこりと微笑み、

「センセイ、ごちそうさま」

それからひとりひとり順番に、ごちそうさまを告げ、悠然とひきあげていったという。

「参ったよ、あのときは」

言葉とは裏腹に、生島さんは楽しそうだった。

初めて足を踏み入れてから一年くらいで私はひとりでも「数寄屋橋」にでかけるようになっていた。当時、六本木のクラブにつきあう女性ができ、クラブで飲むことそのものにあまり抵抗を感じなくなったからだった。

ひとりでいくのは、だが、別の意味で勇気がいった。

——あいつ何者だ、若いのに偉そうにひとりで飲んでやがって。

他の客にそういわれるのではないかと不安だったのだ。それなら別の店で飲めばいいのだが、作家になれた自分を確かめるためにも、「数寄屋橋」は、いかなければならない店だった。

月に一度、せいぜい二度くらいだったろうか。それでも今よりははるかに良い〝出席率〟である。

これは本当に感謝しているが、若造の私であっても、「数寄屋橋」はきちんと扱ってくれた。

ひとりのとき、私はなるべく隅の目立たない席で飲むことを心がけた。そして新来の客が現れるたびに、かたわらの女性に、

「あの人は出版関係？　それともちがうところの人？」

と訊いたものだった。

売りこみにいっていたわけではないから、出版関係者とわかっても、面識のない人には挨拶をしなかった。

ただ、その場にいるのが楽しかった。だがそこで多くの人々といき会い、紹介された。

若いくせにひとりで飲むなんて生意気な奴、と思われたこともあったろう。そんなときは多分、「数寄屋橋」は、店全体で私を守ってくれた気がする。

学んだことは数限りなくあって、「聖地」から「学校」をも兼ねるようになった。

これは二度目に「数寄屋橋」を訪ねたときのことだ。

眉村卓さんがおいでになっていて、生島さんが私を紹介して下さった。眉村さん

は柔和な関西弁でおっしゃった。

「あなたは若い。これからいろんな出版社がいくつもの注文をしてくることでしょう。そうなると仕事が重なって、どんな順番で仕事を受けてよいやら困るかもしれない」

そんなときが果たして自分にくるのだろうか。そう思いながら私は眉村さんを見つめた。

眉村さんは万年筆をだし、紙ナプキンに書きつけた。

「ちょっとだけ先輩の僕からの助言です。この順番で仕事を受けたらどうでしょう。
一、勉強
二、義理
三、名前
四、お金」
勉強になる仕事を一番、二番目に義理を果たし、名前を売るのが三番で、お金になる仕事が最後、という優先順位だった。

私はその言葉をかみしめた。

いつか恩返しをしなければならない。そのためには、もっともっと「数寄屋橋」にいかなければならないし、若い作家を誘わなければ。

昨今、ミステリの世界には、私がでてきた頃とは比べものにならないほど多くの若い人がデビューを飾っている。

ただ残念なのは、彼らの大半が酒を飲まず、またパーティの席などにあまり足を向けないことだ。

先輩面のオヤジにつきあわされてはたまらない、そう思っているのかもしれない。だが改めて私などがいうまでもなく、作家という職業は孤独だ。華やかさと孤独がこれほどに背中あわせの仕事もないだろう。

そうした我々にとって「数寄屋橋」は「聖地」であり「学校」であり、そして「憩い」の場だった。これからもずっとそうあって欲しい。

パーティの流れで店に足を踏み入れたとき、

「お帰りなさい」

そう迎えてもらえる店は、もうここしかない。

作家になれた幸せと、ありつづけられる幸せを、どこよりも私に感じさせてくれるのが、クラブ「数寄屋橋」なのである。

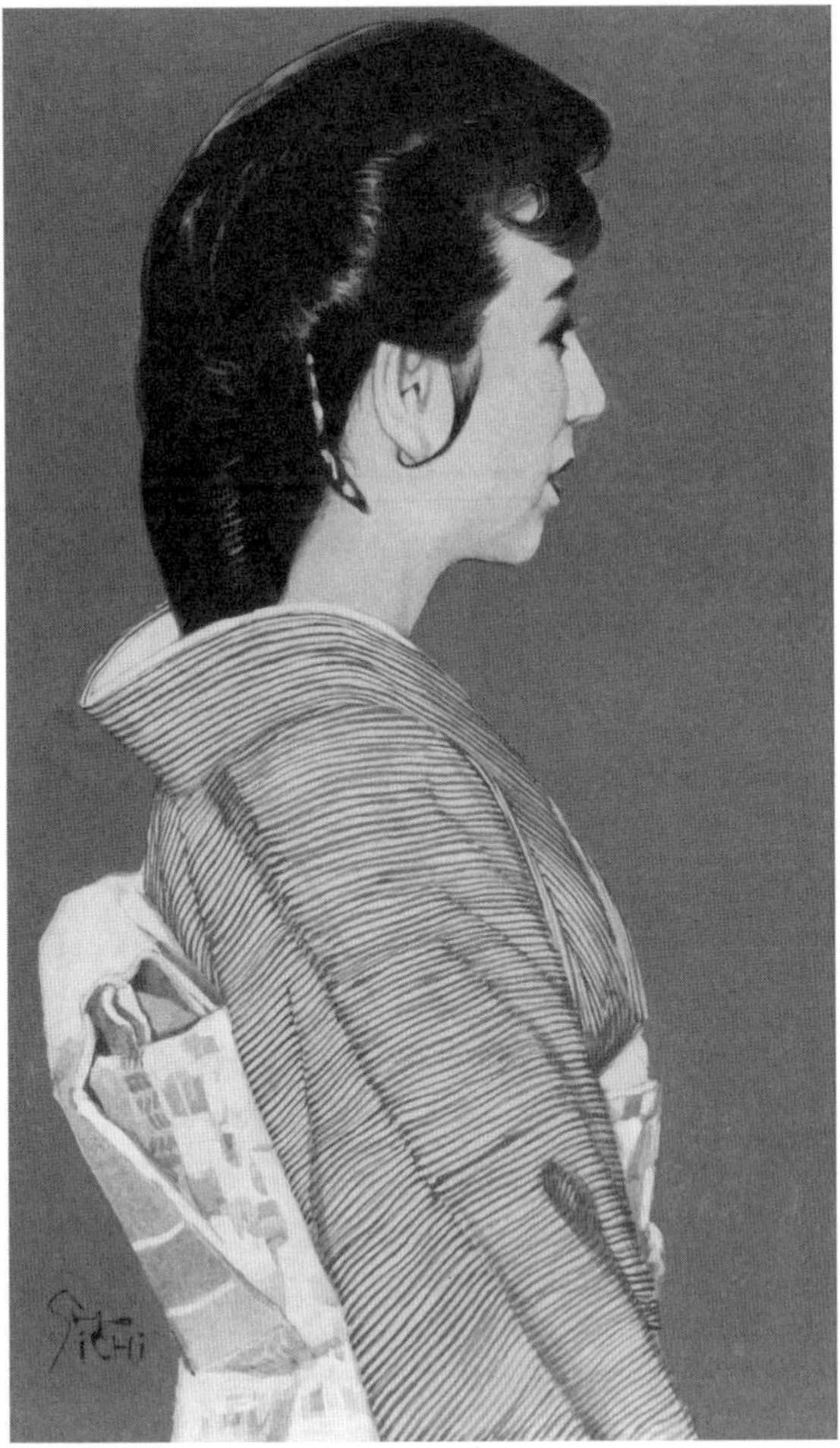

堂 昌一

画家

DOU SHOUICHI

北方謙三

■

きたかた・けんぞう

作家。1947年10月26日神奈川県生まれ。72年中央大学法学部卒業。日本文芸家協会会員、日本推理作家協会会員、直木賞選考委員。主な作品は『眠りなき夜』(日本冒険小説協会賞・吉川英治文学新人賞)、『過去　リメンバー』(角川小説賞)、『渇きの街』(日本推理作家協会賞)、『破軍の星』(柴田錬三郎賞)、『楊家将』(吉川英治文学賞)など。

クラブ「数寄屋橋」は消えず

私はそのころ、三十歳をひとつかふたつ超えたぐらいで、銀座はおろか新宿や渋谷でさえ、クラブと名の付くところには行ったことがなかった。はじめて行ったのが、クラブ「数寄屋橋」であった。なんと豪華な店だろう、と思った。こんなところで、作家は酒などを飲んでいるのだ、とも思った。連れていってくれたのは生島治郎さんで、大沢在昌などが一緒であった。私よりデビューの早かった大沢は、何度か来ている様子で、それだけでなくほかの店にも行っているようだった。

私は萎縮していて、その萎縮が限界に達すると、頭の中でぷちんと音が鳴り、気づくと眼の前の女性の尻に手をのばしていた。多分、いま「早苗」のママの、塚田さんのお尻だったと思う。私はそのころ、あまり酒が飲めなかった。だから私がぷちんとしてしまうのは、飲めない酒を飲んでひっくり返るか、女性の胸だか尻だかに手をのばして不埒《ふらち》を働くか、その程度のことしかなかったのだと思う。いま思い出しても、尻に手をのばしていて正解であった。周囲にそういう人格だと思われ、無理をして気取る必要はなにもなくなったのである。

第一印象が超豪華なクラブ「数寄屋橋」に、次に行った時、店内にトイレがないことに気づいた。さらに次に行った時は、座席の破れたところを、ガムテープで塞いであるのを視て唖然とした。だからといって、豪華という私の評価が変わることはなかった。造りが豪華な店なら、銀座には掃いて捨てるほどある。ついでに言えば、若い美女ばかりを揃えた店も、いやになるほどある。しかし、客の顔ぶれが豪華な店など、滅多にお目にかかれるものではないのだ。

新進作家と呼ばれていた私は、とにかく一度行ったら五回か六回は、立ちあがって最敬礼をすることになる。作家だけでも、それほど錚々たる顔ぶれが揃っていたのだ。ほかの世界でも一流の人士が多くいたようで、顔を見たことがある、名前だけは聞いたことがある、というような人を行くたびに実物として見ることができる場所だったのである。

なぜこの店に人が集まってくるのか、考えたことがある。造りが豪華で美女揃いの店が、ほかにもあるのにである。ひとつには、客が客を呼ぶというところがあったのだろう。それから、園田ママの魅力が大きかった。人を魅きつけてやまないのである。かつては若い客であった私は、説教をされることの方が多かったが、それを通してさまざまなことを教えて貰ったとも思う。私が銀座で不埒を働き、それがトラブル化した時は、ママが出ていって交渉してくれるという話にまで発展したが、幸いにそれはまだ一度もない。

クラブ「数寄屋橋」でのエピソードは、かぎりないほどある。誕生日が近接している女性たち数人と、毎年誕生祝いの食事会をしていたのも、懐かしい思い出である。若い子が入ると、私や大沢在昌は、すぐにそばに引きつけて電話番号などを訊き出した。その数は、数十名に及ぶ。しかしなにもしないのである。クラブ「数寄屋橋」の子ということが頭にあり、なにかしようにもママや重役のお姉さまたちの顔が浮かんでしまう。そういう点では、人と競ったりする必要もない、リラックスできる場所になった。

逆に、下心がある時は、クラブ「数寄屋橋」を避けて通る。私はそのあたりはうまくやったつもりだが、大沢在昌は店の前を素通りしようとして拿捕され、地下の店に連行されて査問を受けたことが、一再ではなかったという。ちょっと都合が悪いことに、私が下心を持って通うクラブが、斜めむかいにあり、無防備で出てくると、見られてしまう。私は壁に背中をつけて通りを窺い、誰も外に出ていないのを確認してから、全力疾走で駆け抜けてしまうのである。それでも、車に乗ろうとしている時、背後からママに制裁のパンチを一発食らったことがある。

それでも、年に数回は必ずクラブ「数寄屋橋」に行った。

忘れられないのが、直木賞選考会後、選考委員がクラブ「数寄屋橋」に流れることであった。選考会で最も若輩の私は、さながら接待側の社員のようであったが、選考に不満がある時は、先輩の作家と議論を続けるというか、私が一方的に絡むというか、そういうこともしばしばあった。

黒岩重吾先生の席は決まっていて、言いたいことがあってむかい側に座ると、あっちへ行けとはっきり言われたりした。黒岩先生はクラブ「数寄屋橋」がお好きで、若い子が多いところへ御案内しますぜ、などと女衒《ぜげん》のようなことを囁いても、頑としてクラブ「数寄屋橋」の、決まった席へ行かれるのであった。筋の通り方が、私などとは違っていたのだと思う。

黒岩先生の最後の上京の機会になった直木賞選考会の時も、終了後はやはりクラブ「数寄屋橋」ということになった。

私は黒岩先生の車に同乗して、店へむかった。車の中で、私はつまらぬ話をしていたが、黒岩先生は調子が悪そうだった。第一、顔色がよくない。

車を降りると、店まで階段を降りなければならない。私は危ぶんで、肩に摑まってください、と言った。余計なことはせんでええ。いつものようにそう言われたが、もう一度言うと、驚いたことに私の肩に手をのばされた。そうやって階段を降りる時、軽く乱れた呼吸が私の首あたりに当たったのを憶えている。

店の、決められた席に座られて、黒岩先生ははじめてほっとしたような表情をされた。亡くなられたのは、それから大して日数が経っていない日である。

あの、かすかにドブの臭いのするクラブ「数寄屋橋」の、最後の鮮烈な思い出として、いま黒岩先生との一夜が思い浮かぶ。

さいとう たかを　漫画家
TAKAO SAITO

今野 敏

■

こんの・びん

作家。1955年9月27日北海道生まれ。上智大学文学部卒業。日本文芸家協会会員、日本推理作家協会常任理事。主な作品は『怪物が街にやってくる』(問題小説新人賞)、『蓬莱』、『ST』シリーズ、『安積警部補』シリーズなど。

石ノ森章太郎氏と乾杯

　クラブ数寄屋橋に初めて足を踏み入れたのは、大学四年のときだった。一九七九年のことだ。徳間書店の問題小説新人賞を受賞してデビューし、編集者に連れられてやって来たのだ。

　伝説のクラブだと聞いていた。お世辞にもきれいとはいえない店内だったが、それが歴史というものかと思ったりもしたものだ。

　もちろん、いくら自社の新人賞受賞者だからといって、海のものとも山のものともつかぬ若造に接待費を払ってくれる出版社などない。

　担当編集者は、ある有名作家の名前で伝票を切っていたのだと後日教えてくれた。なにもそこまでして文壇バーに連れて行ってくれなくても、と思ったものだが、今考えるとそれがその担当者なりの新人作家の教育だったのだろう。

当時の数寄屋橋にはまばゆいばかりのオーラが満ちあふれていた。有名作家や有名漫画家の諸先輩が放つオーラだった。

名前しか聞いたことのない雲の上の先輩たちがゆったりとソファにもたれていた。僕はただ小さくなってちびちびと酒を飲むしかなかった。僕もいつかああいうベストセラー作家の仲間入りができるのだろうか。不安だった。作家になったという実感がなかった。

そして、それから二十数年が過ぎた。今でも、僕は数寄屋橋で同じ気持ちで酒を飲んでいる。

長年通ったこの地下の店がなくなるというのはいたく淋しいものだ。

数寄屋橋には、さらに個人的な感慨がある。話は、小学校時代にさかのぼる。なんで、文壇バーの話をしているのに、小学生なのだ、とお思いだろうが、まあ、ちょっと聴いていただきたい。

小学校の頃、僕は無類の漫画好きで、わら半紙にコマ割りをして自作の漫画などを描いていた。漠然とだが、漫画家になりたいと思っていた。

父親は高校の教師で、どうやら僕にも固い職業についてもらいたかったらしく、漫画など描いていると叱られたものだ。だから、漫画家になることなど夢のまた夢だと思っていた。

小学校の三年の頃だろうか。かの有名な石ノ森章太郎（当時は石森章太郎）氏が親戚だと知った。父親の従兄弟だというのだ。

もともと石ノ森章太郎氏の大ファンだった僕は有頂天だ。そんな僕に父親は言った。

「章太郎は特別なのだ。おまえがまねをしたところでとうていかなわぬ。漫画家になりたいなどという愚かなことを、決して考えてはならない」

子供によけいな苦労をさせまいという親心だったのだろう。僕も成長するにつれ、子供の頃の夢などは忘れかけていた。

だが、気がついてみると僕は小説家になっていた。おそらく幼い頃の夢が潜在意識に残っていたのだろう。

作家になってからも、石ノ森章太郎氏にお会いする機会はなかなかなかった。僕にとってみれば、親戚だからといっておいそれと会える相手ではない。だが、消息はよく知っていた。数寄屋橋によくいらしていたというのだ。ママを介してときおり伝言のやりとりなどをしていた。

幼い頃からの念願がかなって章太郎氏にお会いしたとき、親戚のおじさんそのままの態度で接してくれた。

「北海道のおじちゃんは元気か？　なんでもっと早く会いに来なかった。仕事はうまくいってるのか？　今度、何かいっしょにやろうよ……」

締切に追われる多忙な仕事の合間を縫って会う時間を見つけてくれたのだ。こっちは恐縮していた。そして、章太郎氏は言った。

「よく作品の質っていうだろう？　でもね、量を描かないと質なんて上がらないんだ。おまえ、とにかくいっぱい書け」

その言葉が、今でも僕の座右の銘となっている。

「今度、数寄屋橋あたりで飲もうよ」

それが、僕が最後に聞いた章太郎氏の言葉だった。結局その約束は果たせなかった。

その後体調を崩され、闘病生活の末、僕が結婚した年に他界された。仲人を頼んでいたのだが、それもかなわなかった。だから、僕は仲人を立てずに結婚式を挙げた。

命日には、数寄屋橋でグラスを一つ余分に用意してウイスキーを満たした。章太郎氏のためのグラスだ。そして、ママやベテランのホステスたちが語る章太郎氏の思い出に耳を傾けながら飲んだ。

もし僕が数寄屋橋に来ていなかったら、章太郎氏との関係や彼の思い出はもっとずっと希薄なものでしかなかったろう。

最近、作家や編集者があまり文壇バーに足を運ばないという。作家同士の付き合いもあまりなくなってきたように思う。

僕は数寄屋橋で多くの先輩作家とお会いした。彼らの雰囲気に直接触れることは、作家を続けていく上で何より大切だったのではないかと思う。

「今月、君は何枚書いた?」などという先輩作家のプレッシャーも今となってはなつかしい。

小説というのは、人と人との関わりによって書かれるものだと、僕は思う。場所は変わっても、数寄屋橋には人と人をつなぐ役割を担いつづけてほしいと思う。

柘植久慶

■

つげ・ひさよし

軍事ジャーナリスト、作家。1942年6月21日愛知県生まれ。65年慶應義塾大学法学部卒業。大学時代の傭兵部隊格闘技教官を始めに、フランス外人部隊、アメリカ特殊部隊に在隊経験。主な作品は『前進か死か』、『フランス外人部隊』、『21世紀サバイバル・バイブル』、『アレトゥサの伝説』、『零の記号』など。

数寄屋橋のこと

数寄屋橋という地名は、江戸城から京橋数寄屋町へ行くとき、外濠を数寄屋橋で渡ったのが由来となっている。

私が初めてこの地を訪れたのは、一九四八年（昭和二十三年）のことであった。その前日に酔ったアメリカ兵が、日本人を二人、数寄屋橋上から投げこんだ、という事件が発生した。橋の上から川面を眺めると、警察の舟が行方不明者を捜索していたのを、今でもはっきり記憶の片隅に留めている。

クラブ数寄屋橋に初めて顔を見せたのは、静香ママがオープンさせた一九六九年か七〇年初頭の頃だったと思う。私は当時、歩いて一分くらいの場所でサラリーマンをしており、客の接待で訪れたのだ。ただし五年余り勤めたその会社を辞める準備をしていたので、いささか慌しい時期であった。

私は一九七〇年からインドシナ――ラオスやヴェトナムに渡り、七三年まで二年半にわたって現地で文字どおり暗躍していた。人生で一番スリリングな時代だった。それ以後も外国の生活が多く、すっかりクラブ数寄屋橋ともご無沙汰してしまったのである。

再び縁が復活したのは、一九八七年――作家となってからのことだ。集英社の編集者――龍円氏と一緒に現れて以来となる。

一九九一年一月十六日の夜、私はクラブ数寄屋橋で飲んでいた。いささか酩酊して帰宅した翌朝のことであった。家人からイラクに対する多国籍軍の攻撃が始まった、と叩き起こされた。つまり「一月十八日までに必ず攻撃開始」という私自身の予測（週刊新潮）が適中した瞬間である。

この発端となったイラクのクウェート攻撃も、ＮＴＶの生番組で五週間前に適中させた。また多国籍軍のクウェート奪回も、総攻撃開始後四十八時間以内とＴＶで断言、首尾よくこれを当てた。

それから、十年後の二〇〇一年一月に出版された、『21世紀サバイバル・バイブル』という小学館からの本で、私は次のように予測した。

ビンラディンの命令が、ニューヨーク中心部での自爆なら、乗員乗客全員を道連れにして、迷いもせずマンハッタンへと突っこんでゆくだろう。

そう予測した八ヶ月後、九月十一日。まさにその時刻に私はクラブ数寄屋橋にいた。二三〇〇時頃だったであろうか。店のスタッフから事件発生を伝えられ、ついにやったかと驚かされた。

実のところこの年の一月、アリゾナ州フェニックス近郊のロータリークラブでの講話で、私は三つの予想をした。第一が、ビンラディンのテロ。第二が、ランディ・ジョンソンとカート・シリングを擁する地元ダイヤモンド・バックスのワールドシリーズ制覇。第三が、ルーキーのイチローの二百四十安打。これらがすべてその晩秋までに適中したのだから、出席していた人たちは大いに驚いていた。

つまり私が大事件を予測しクラブ数寄屋橋で飲んでいると、それが適中するというジンクスが生まれた。しかし何から何までとなると、どうやら十年周期らしい。すると次は二〇一一年となる。

現在のところ将来にかけての私のしている大きな予測は、二〇〇八年の北京オリンピック後の中国経済大破綻だ。東京オリンピック直後の日本経済の冷えこみを、私は社会人一年生として経験した。この同じ轍をより大きな規模で中国も踏む、と考えているのである。

鳥インフルエンザ問題でも証明されたように、私は中国政府の発表など全く信じていない。とりわけ経済の数字は一二〇パーセント粉飾だと確信している。だから二〇一一年のある晩、私がクラブ数寄屋橋でしたたか飲み、上機嫌で帰宅した翌日の昼頃、中国経済崩壊のショッキングなニュースが、全世界を駆け巡っているだろう。もしかするとそれは一年か二年早まるかもしれないのだ。

斎藤 純

■

さいとう・じゅん

作家。1957年1月5日岩手県生まれ。立正大学文学部卒業。日本文芸家協会会員、推理作家協会理事。主な作品は『テニス、そして殺人者のタンゴ』、『ダークネス、ダークネス』、『黒のコサージュ』、『辛口のカクテルを』（北の文学最優秀賞）、『ル・ジタン』（日本推理作家協会賞・短編部門）。

心の宝

出版社主催の様々なパーティで、どこからともなく華やかな声（決して大きな声ではない）がする。声の主を探ると、やはりいつもそこには静香ママがいらっしゃる。静香ママも僕を見つけて笑みを浮かべる。

「あら、純チャン先生」

デビューして間もなく、右も左もわからなかった頃から静香ママは僕をそう呼んだ。

僕は人の顔と名前を覚えるのが苦手だ（いや、人の顔と名前に限らず、物覚えが悪いのだけれど）。一度紹介されているはずなのに名前を思い出せないようなことがよくある。そっと静香ママに尋ねる。○×社の△さんよ、その隣は△○社の×さん。静香ママはそっと教えてくれる。×△社の○さんよ、あの方には顔を覚えてもらったほうがいいわ。ちゃんとご挨拶してらっしゃい。そんなふうに教育的指導を受けたことも少なくない。

数寄屋橋には、そんな編集者諸氏につれていっていただいた。

デビュー前に読んでいた先輩作家のエッセイにしばしば登場する文壇バーである。最初は緊張した。が、お高くとまったところがなく、とてもリラックスできる場所だ。そうなると持ち前の図々しさでもって、まるで常連のような顔つきで飲むようになる。

居ずまいをただすような場面もある。たとえば、早乙女貢氏が隣のボックスに坐られたようなときだ。僕の親戚に会津藩士の末裔がいて、その関係で早乙女氏の講演を学生時代に拝聴した。

帰り際、静香ママは早乙女氏にご挨拶するチャンスをつくってくださった。

「ああ、広沢さんのご親戚ですか。なるほど、あのときの」

小説家志望だった学生が、どうにかこうにかデビューすることができたことを報告できたのは静香ママのおかげである。

このことに限らず、静香ママは人と人の出会いに心を配る方であり、数寄屋橋というお店はそれに恰好の場だったと思う。

お店の場所は変わっても、それは変わるまい。

僕は生まれ故郷の盛岡に戻ったので、今ではあまり銀座で飲むこともなくなったけれど、安らげる場所が銀座にあるということを心の宝にしている。

小林 秀美

画家

HIDEMI KOBAYASHI

梓 林太郎

■

あずさ・りんたろう

作家。1933年1月20日長野県生まれ。日本文芸家協会会員、日本ペンクラブ会員、日本推理作家協会会員。主な作品は『九月の渓で』(エンターテイメント小説大賞)、『風葬連峰』、『稚内殺人旅情』、『霧の中の巨人　回想・私の松本清張』など。

エルミタージュ

初めてクラブ数寄屋橋にはいったのは、ほぼ三十年前。まだ作家ではなかった。そのころやっていた商売の顧問先、銀座和光の役員・某氏に連れていっていただいた。

その店のあるビルへの入口は二つあって、路地のほうからはいった。はいりかけて、足をとめた。入口が、ぼくが少年時代をすごした信州の草深い母の生家の「室《むろ》」に似ていた。「室」は地下で、野菜などの保存のための穴蔵だった。

それを話すと某氏は、「お母さんのご実家はシャレていたんだね」といわれた。けっしてシャレてはなかった。祖父が造ったから、そうだったというだけだ。

ぼくは「室」が好きだった。夏は冷たく、冬は暖かかった。飼っていた兎を抱いてはいったこともあったし、棄てていこいといわれた猫の子を、隠しておいたこともある。

クラブ数寄屋橋では何人かの先輩作家にお目にかかった。印象ぶかいのは、黒岩重吾さんと笹沢左保さんだ。おふたかたとも、酒がはいると奇妙なクセがあった。真似てみたことはあったが、ああはなれなかった。

先輩からみたら、歯にゴマ粒がからんだ程度のことと思うが、甘さも、苦さもそこで知った。

何度も一緒にいった父は、五十代のぼくを、静香ママの傍で、目尻をゆるめながらも、奥歯を噛んでいた。

地下のクラブ数寄屋橋にはいるとぼくは、十代の悪童にもどっていたらしい。

奥本 大三郎

■

おくもと・だいざぶろう

仏文学者、埼玉大学教養学部教授。1944年3月6日大阪府生まれ。東京大学卒業、同大学院修了。日本昆虫協会会長、日本アンリ・ファーブル会理事長。熱烈な虫愛好家で『ファーブル昆虫記』の全訳に取り組む。主な作品は『虫の宇宙誌』（読売文学賞）、『楽しき熱帯』（サントリー学芸賞）など。

ドッペルゲンゲル

「数寄屋橋」が今度移転するという。私なぞはそれほど通ったわけでもなく、大きな顔をするわけにはいかないが、この間近所で食事をした後でちょっと寄ってみた。

そうして話をしながらしみじみと壁を眺めた。壁は毛皮を張りつけたようになっている。これがヨーロッパの古い地下牢ででもあれば、永年閉じ込められた囚人の、汗と涙と血と脂と、怨みの隠《こも》ったラクガキとで埋められていたりするところであるが、ここはお姉様方が目を光らせているからラクガキをする隙はない。その代わりにその席に座った客人たちの身を捩《よじ》り、頭を擦りつけ、時には爪で引っ掻いた跡が歪《いびつ》な人影となって残っている。

その影が妙に忠実に、この店に来る我々の心情を写し取っているようなのである。キトラ古墳の壁画は貴重な文化財として、剥がしてどこかに保存するらしいけれど、

「数寄屋橋」の壁も銀座の文化財として保存しておいたらどうなのだろう。少なくとも煮出したらいいおダシが出そうである。

小池真理子

■

こいけ・まりこ

作家。1952年10月28日東京都生まれ。成蹊大学文学部卒業。日本文芸家協会会員、日本推理作家協会会員。主な作品は『妻の女友達』（日本推理作家協会賞）、『恋』（直木賞）、『欲望』（島清恋愛文学賞）、『無伴奏』、『冬の伽藍』、『浪漫的恋愛』、『狂王の庭』、『瑠璃の海』など。

豊かで温かい場所

女性作家にとって、いわゆる銀座のクラブと呼ばれる店は敷居が高いものだ。とりわけその女性作家が若かったり、新人だったりすれば尚更である。

私にもその種の記憶は無数にある。その昔、信じられないくらい若かった頃（つまり二十代）、「おじさま」と呼ぶしかないほど年上の編集者や業界関係者に連れられて、銀座のクラブに行く機会が数多くあった。私はまだ小説を書いてはいなかった。右も左もわからぬまま、駆け出しのもの書きを始めたにすぎない、文字通りの小娘であった。

それでも「おじさま」たちは私を連れて、銀座の行きつけの店に行きたがった。今から思えば「こんな高級な店・こんなに有名人が通って来る店を知っている男」として、小娘相手に自慢しようとしていただけなのかもしれない。

ともかく、そうやって私は彼ら行きつけの店、というのに連れて行かれた。美しい女性たちに囲まれて相好を崩し始める「おじさま」たちの邪魔をする気はさらさらなかったし、かといって、子供じゃあるまいし、仏頂面をしているわけにもいかない。適当な話題を探しては気をつかってくれる女性たちに必死になって応え、微笑み、こんなに気をつかってもらって悪いなぁ、と思って萎縮し、萎縮して世間知らずだと思われるのも業腹だから、もの慣れた雰囲気を湛えようと努力し、そんなこんなで、結局はぐったりと疲れてしまう。

銀座のクラブになんか行かないで、どこかの気楽なカウンターバーみたいなところで飲ませてくれれば安上がりだし、こちらも楽なのに、と思ったことは何度もあった。だが、そう思っていても、はっきり口にすることはできず、連れて行くからね、と言われれば、はい、と素直に応じた。なんと初々しかったことだろう。

やがて時は流れ、私は小説を書き始め、作家と呼ばれるようになった。年齢を重ね、泣いたり笑ったりの人生を送る中、それなりに神経も太くなった。小娘からは完全に卒業し、銀座のクラブ、と聞いてもいたずらに気をつかわずに済むようになった。数寄屋橋の静香ママとは、そんな時に出会った。

確か、何かのパーティー会場でのことだったと思う。和服姿の、つややかな色香の漂う女性が陽気な足取りで私のところにやって来て、とても気さくに話し始めた。気さく……というのが静香ママの第一印象だ。静香ママとは最初の出会いからして自然だった。その会話、そのリズム、その視線、その雰囲気、すべてにおいて、ずっと昔から知っている親しいお姐さん、という錯覚を初めから私に抱かせた。

何を話したのかはさすがに覚えていないものの、ママの印象は強く私の中に残された。静香ママには、目の前の人間の肌の一部に触れながら話をする癖がある。触れるのは手だったり、腕だったり、肩だったり、背中だったり。その触れ方が実に自然で、嫌味がなく、おまけにまことに女らしい。触れられた箇所にほんのりとしたぬくもりが残る。異性同性を問わず、触れる、ということの本当の意味をよく知っている人なのだと思う。

ともかく、そんなこんなで静香ママを知ったのが私と数寄屋橋との出会いだった。

その後、私の直木賞受賞が決まった晩、選考委員の先生方が数寄屋橋に集まっているから、とのことで、挨拶に出向いた。忘れもしない一九九六年一月。あの晩の数寄屋橋は、私にとって最も深い思い出として残されている。

夫である藤田宜永と同時に候補になり、私だけが受賞を果たしたという、運命を分けた日の晩でもあった。複雑きわまりない思いを胸に抱きつつ、それでも周囲の祝福には笑顔で応えていたものだが、あの晩、数寄屋橋に一歩足を踏み入れた時のことはよく覚えている。

それまで馴染んでいたはずの店が、その日に限って、とてつもなく広く感じられた。静香ママが何かお祝いの言葉を言って、抱き寄せてくれたような気もするが、記憶は定かではない。日本文学振興会の方に連れられて、一人一人、選考委員の作家の方々の前に立って挨拶をした。緊張していた。あの一瞬だけ、私は二十代だった頃の小娘に戻っていた。

余談になるが、渡辺淳一さんのところに挨拶に行った時、隣に高樹のぶ子さんが坐っていて、初めてのぶ子さんを紹介された。うわぁ、高樹のぶ子もいる！……とまさに文壇ミーハー的に胸躍らせたものだが、その高樹さんとは今やメル友になって、のぶ子さん真理子さん、と呼び合っている。そう言えば、のぶ子さんとは数寄屋橋で初めて会ったのだな、と思い返して、今もしみじみ懐かしい。

お店にいる北海道出身の久美子さんは、マッサージと指圧の名手で、時々、肩をもんでくれる。久美子さんの笑顔は温かい。心の奥底から温かくさせてくれるような、素晴らしい笑顔である。先生、肩、凝ってませんかぁ、と温かな口調で聞かれると、聞かれただけで、凝り固まっていたものがもみほぐされていくような心持ちになる。

また、同じくお店の幸子さんは、私と藤田が暮らしていたマンションの、一フロア上に住んでいた。エレベーターの中で、ゴミ出しをしようとしている時の幸子さんと遭遇してしまったこともある。普段着の顔を見られるのはさぞかしいやだったろうと思うが、素のままの幸子さんが、お店にいる時と同様、とてもきれいだったので、気楽に話しかけてしまったことを覚えている。

そんなこんなの思い出がある数寄屋橋が移転することになった、という。幾多の思い出に彩られた場所が消えていくのは寂しくても、当然ながら静香ママの色香と元気さはまだまだ続く。男性作家のみならず、数寄屋橋でひとときを楽しもう、とする女性作家も大勢いる。

何ひとつ変わらぬ形で、場所だけが替わり、同じ人たちが店に通い、同じ笑い声が響きわたり、そこに再び、以前と変わらぬ豊饒の時間が流れていくであろうことは確かである。

成瀬 数富　画家
KAZUTOMI NARUSE

宮城谷 昌光

■

みやぎたに・まさみつ

作家。1945年2月4日愛知県生まれ。67年早稲田大学文学部卒業。日本文芸家協会会員、日本ペンクラブ会員、直木賞選考委員。主な作品は『天空の舟』(新田次郎文学賞)、『夏姫春秋』(直木賞)、『重耳』(芸術選奨文部大臣賞)、『晏子』(中日文化賞、司馬遼太郎賞、吉川英治文学賞)など。2004年菊池寛賞受賞。

ひとつの宇宙

日本に美女がいたのは昭和四十年代までである、といった編集者がいた。

私がその説にあっけないほどの素直さでうなずいてしまったのは、昭和四十年代に、私は銀座五丁目にある出版社で雑誌記者として働きつつ、多くの美女を自分の目で観たからである。

ナイトクラブのホステスの出勤のころは、通りが華やかであった。着物姿が断然多かったように憶う。それらのホステスのなかには、すれちがっただけで目が醒めるほど美しい人がいたことはたしかで、いまの銀座にくわしいわけではないが、見聞するかぎりでは、いまやその種のおどろきはない。時代が持っている気魄がちがうのであろう。あるいは人々が胸裡にかかえていた夢の大きさがちがうといってもよい。

当時、私はしがない記者であったから、文化人がつどうナイトクラブをのぞいたことはないが、文化人が出入りするナイトクラブや料理屋の名は知っていた。そのなかに、すでに「数寄屋橋」があった。私の小説の師である立原正秋が酒豪であることを知らぬ人はおらず、当然、夜の銀座に出没し、「数寄屋橋」にもあらわれた。「数寄屋橋」の園田静香さんはそのころの立原正秋の逸話を私に話してくれたことがある。

小説家志望であることは、文章修行のほかに酒の修行もしなければならないというのが、当時の常識であり、おまけに私は雑誌記者であったから、酒の席ぬきでは仕事にならなかったので、酒に強くなるようにつとめたのであるが、その修行はみごとに失敗した。酒を呑めば、強烈に頭痛に襲われた。それゆえ私は良い雑誌記者になれず、立原正秋の良い弟子にもなれなかった。ただし酒の席はきらいではない。小説家として立てるようになってから、酒のあるところにしばしば顔をだしていたので、勘ちがいをされて、文学賞を受賞したあとに、多くの酒を贈られて困惑した。「数寄屋橋」へ最初に行ったのは、いつのことであったか忘れたが、そのころ編集者に多くのナイトクラブにつれてゆかれたので、おのずと比較がうまれ、「数寄屋橋」の特色、独自性、あるいは地位のようなものがわかった。むろんそんなことがわかったところで、そのナイトクラブへくりかえしゆく理由にはならない。

ナイトクラブにかぎらず、商売はすべておなじで、

——血が通っているか、そうでないか。

ということによって盛衰が決まる。文人は政治家とも財界人ともちがう世界で生きている。独自の宇宙を持っているといってよいかもしれない。その宇宙とは、観察力、批判力、構成力、生命力などによって形成されていて、つねに、生きている、という実感から離れないものである。そういう文人が好んでゆく店に平凡なものはひとつもない。

私が「数寄屋橋」に感心するのは、みせかけではない活力がある、ということである。景気が極端に冷えたときでも、「数寄屋橋」だけは毅然としていたように感じられた。そこには園田静香さんの哲学があるとさえおもわれる。人はいちどしか生きられず、どのように生きるべきか、ということについて、信念があるにちがい

ない。そうでなければ、経営者の動揺や不安だけではなく、時代の暗さが、ホステスにも酒器にも、室内の壁にも空気にもあらわれる。

私は度胸のいい人が好きだ。天職をみつけて、その天職を全力でまっとうしようとする人が好きだ。そういう人がいる「数寄屋橋」が好きだ。

移転の話をきいたが、私には賛辞しか想い浮かばなかった。「数寄屋橋」は昭和四十年代の気魄を保存したまま、移動するだけである。この宇宙に空気もれはあるまい。

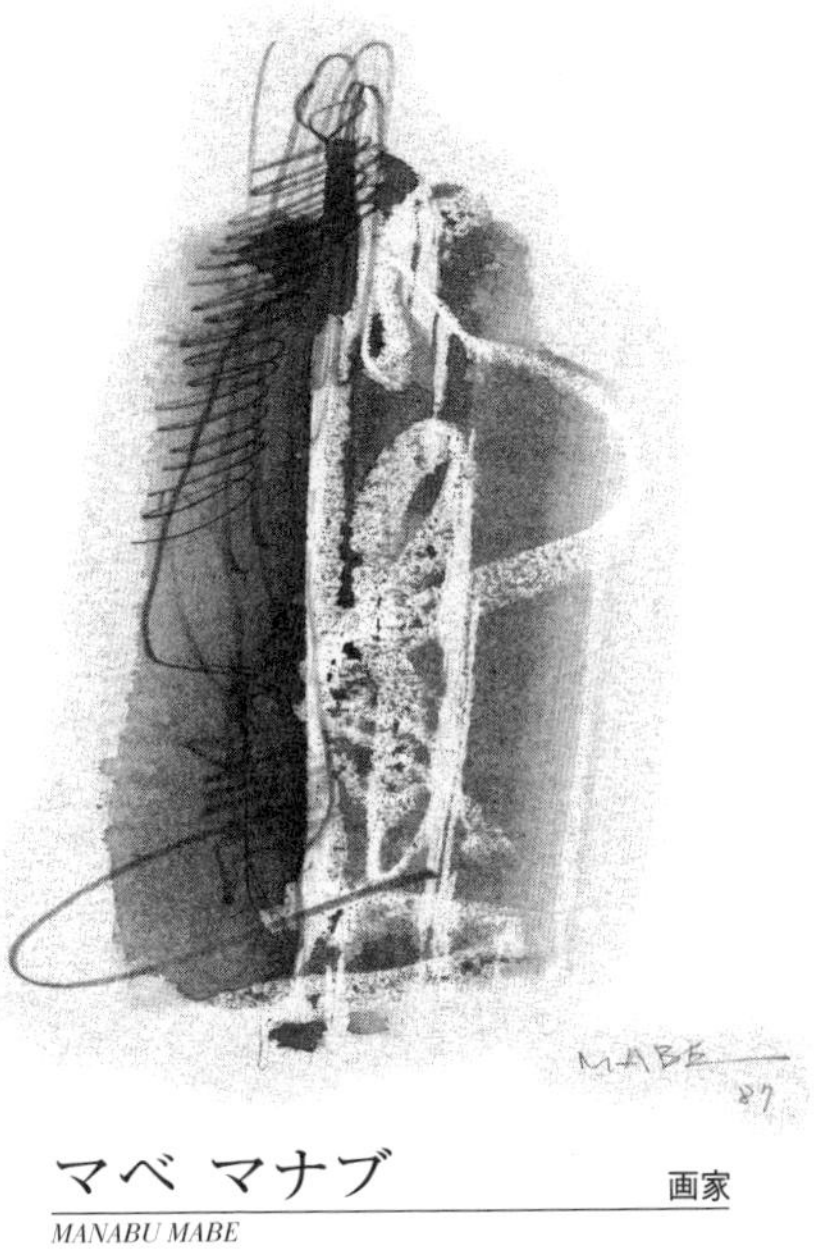

マベ マナブ　画家
MANABU MABE

阿刀田 高

■

あとうだ・たかし

作家。1935年1月13日東京都生まれ。60年早稲田大学文学部卒業。日本文芸家協会常務理事、日本ペンクラブ専務理事、直木賞選考委員。主な作品は『来訪者』(日本推理作家協会賞)、『ナポレオン狂』(直木賞)、『新トロイア物語』(吉川英治文学賞)など。

狐型の客として

泰明小学校の前から小道に入り、初めてクラブ「数寄屋橋」を訪ねたのはいつのことだったろう。二十数年前であることは疑いない。

だが、ご免なさい。私はそう熱心に通いつめた客ではなかった。

酒場の客には犬型と猫型があるんだとか。犬型は人につく。なじみのホステスが店を替われば、あとを追って行く。猫型は家につく。なじみのホステスが去っても、やっぱり同じドアを押し開く。

私はどちらでもなかった。年に一度か二度、山奥から里に顔を出す狐型とでも言ったらよいのだろうか。そう、本当に年に一、二回。それでも二十数年間はずっと同じことを続けていたような気がする。こんな店はほかにない。

とくに理由はない。たまたまそうだったとしか言いようがない。行けば行ったで充分に寛げる楽しい酒場だ。さながらゴーリキーの「どん底」の舞台になりそうな地下の雰囲気もけっして嫌いではなかった。

思い出が深いのは、やっぱりママ、園田静香さんその人である。このパーソナリティーを抜きにして「数寄屋橋」はありえない。こちらは地下倉の印象ではなく、パッと咲いた大輪の花である。

が、器量のことは追って触れるとして、私は、つくづくと、

――頭のいい人だなぁ――

彼女のメンタリティーのすばらしさを言わずにはいられない。彼女は人間の気ごころがよくわかるのだ。距離感と言えば、わかりやすいだろうか。

――この客は自分に対して、店に対して、なにを、どのくらいの熱心さで求めているのか――

それをさりげなく、だが、的確に見抜いている。陽気におどけながら、この的は外さない。

私は一貫して狐型だった。狐型でよしとしていた。ママとしては、

――それならば、こちらもそのようにサービスをさせていただきます――

過度なことはやらない。余計な誘いは示さない。だから、こちらも負担にならず、久しぶりに行っても快いのである。微妙なところだが、これは客商売の極意ではあるまいか。よく来る常連にサービスがいいのは当たり前、たまに来る客に、どう対処するか、案外むつかしいのではあるまいか。サービスの受け手として、このむつかしさを感ずることは多い。

園田静香さんほど雰囲気の変わらない人も珍しい。二十数年ずーっと同じまんま、そんな気さえする。だから私はママに会うと同じセリフをくり返している。

「たまには店にいらしてくださいな」

「うん。でも、ほかの店のママはみんな年を取るからね。今のうちに行って、見ておかないとまずい。しかし静香ママはぜんぜん変わらないから」

「そんなぁ」

「いつも美しい。衰えの兆候が見えたら、そのとき行く」

「よく言うわ」

何度もこのジョークを交わしているから、ここ数年は会ったとたんに、

「あい変わらず美しいねぇ、ぜんぜん衰えが見えない」

「それを言われると、誘いにくいわねぇ」

ということになっている。

かくして私は、たまにしか「数寄屋橋」に顔を出さないのである。

といはいえ創業三十六年だとか。幼稚園児のときに店を始めても四十一、二歳ではないか。おそるべきことである。化けものかもしれない。

ママはともかく、化けものの棲み家に近い気配のあった店（失礼！　でも、たいていの人がそう思っていた）が追い立てをくい、なくなってしまうのだとか。

――残念だねぇ――

月並みだが、この思いは深い。

園田静香さんは、どう考えても落城の姫君にはふさわしくない。さりとて、店は文化財として残すほどのものではないようだし……。心機一転、数寄屋橋ルネッサンスを実現してください。

私は年に一、二回の狐にしかすぎなかったけれど、文筆業者には、この店に通いつめた人は多い。思い出もひとしおだろう。

しかし、物書きの酔った思い出なんて、そこはかとない味わいがあったとしても一場の夢。それぞれの胸の中にあえかに潜んで、いつしか消えていくのがつきづきしい。老舗「数寄屋橋」の転生もぽつぽつあってよいことのように思われてしまう。

新しいステップを踏み出してください。

私としては、あい変わらず年一、二回のペース。ママに会うたびに、

「ぜんぜん変わらない。きれいだねぇ。衰えが見えないよ」

これでいくつもりです。

水木 しげる

漫画家

SHIGERU MIZUKI

津本 陽

■

つもと・よう

作家。1929年3月23日和歌山県生まれ。東北大学法学部卒業。日本文芸家協会会員、日本ペンクラブ会員。主な作品は『深重の海』（直木賞）、『明治撃剣会』、『蟻の構図』、『南海綺譚』、『恋の涯』、『真紅のセラティア』、『柳生兵庫助』、『織田信長』、『下天は夢か』、『夢のまた夢』（吉川英治文学賞）など。97年紫綬褒章受章。

数寄屋橋移転によせて

数寄屋橋にはじめていったのは、いつ頃であったのだろう。二十二、三年前であったような気がする。

私が直木賞を受賞したときのパーティのスナップ写真に、ママが登場しているが、いまとたいして変わらないきれいな横顔である。ということは、きわめて健康であるということになる。実にふしぎなほど、若々しさを保っている。

私が数寄屋橋にいってみて、はじめてうけた印象は、店内が煙草の煙ですすけたように見えたこと（いまよりもずっときれいであったのだろうが）、壁が客の肩と頭の触れるところだけ、こすれて茶の色合いがはげて白っぽくなっていたこと、客がおどろくほど混みあっていて、空席がないほどで、眼につく顔ぶれのなかに、かならず作家がいたことなどである。

黒岩重吾さんがママの気っ風を愛していたので、柴田錬三郎賞ができると、第一回から選考委員会のおひらきの会、授賞式の二次会をかならず数寄屋橋でひらくことになった。

今年（二〇〇四年）で十七回目の選考会がひらかれたので、まったく年のたつのは早いものだという感慨がある。数寄屋橋には、よその店とはちがって取締役とか営業部長などという（ほんとうか冗談か知らないが）長く勤めている女性が幾人もいる。

またマネージャー、チーフも長く勤めているということで、店のために懸命にはたらいている姿は、いいスタッフを持っているんだなと、うらやましいような眺めである。

昔は川端康成、丹羽文雄、三島由紀夫の錚々たる文士、田中角栄ら大政治家がおとずれたと聞く。いまでもバブル期とはちがうが、来客が続々とおとずれてくるのは、店の家族的な開放感が楽しいからであろう。

私は福岡市清川町にある料亭「三光園」に、ふとした縁で十数年前からときどき足をむけるようになった。そこのおかみとママは旧知の間柄であった。私を「三光園」へ連れていってくれたFという人物は和歌山県高野山の出身で、一時福岡で事業をおこなっていたことがあった。

Fが鶴岡の短期大学経営にたずさわるようになったのは、五、六年前のことである。

Fは福岡では「三光園」の顧客であり、数寄屋橋のママと知りあいであったので、ママと私の二人に鶴岡短大の客員教授になってくれないかという依頼があり、私たちは旧知のFの頼みをうけた。

Fはその後、短大経営の職を退いたが、ママと私はしばらく客員教授の席についていたはずである。実際は、私が一度講演にいっただけで、教授就任の証書などをもらったわけではなかったが、ママはそのことをおもしろがっていた。

銀座で三十余年、数寄屋橋を経営してきたママは、さまざまの人の浮沈を見てきたことであろう。彼女の記憶を開陳してもらえば、実に興趣のある小説が何本も書けることだろう。

私が数寄屋橋へ足をむけるのは、ママの九州女らしい、陰を見せない明るい性格が好きだからである。小説家は派手な仕事ではない。毎日わずかずつ物語を書きすすめていく地味な、中世ギルドの職人のような職業である。黒岩さんの生前、私は「黒岩さんは、僕の風よけだ。できるだけ長生きして、活躍して下さい。その姿を見れば、僕も安心して力をおすそわけしてもらえる」といっていたが、その黒岩さんも亡くなってしまった。

私は数寄屋橋にいくたびに、黒岩さんの姿を思いだしていたが、こんどその数寄屋橋が移転を余儀なくされると聞いて、おどろいた。

いままで通いなれた店がなくなるのは、寂しい。ほの暗い店内に残っているいろいろの情景が消えるのだ。

ママは、つぎの店舗を物色している最中だが、まもなく新装の数寄屋橋が、いまの店の近所に開店することだろう。いまよりも影のない、明るい店舗であろうが、煙草の煙ですすけたような店のほのぐらい雰囲気が消えてしまうのは、惜しいことである。

だがやむをえない。

気っ風のいいママは、またわれわれに居心地のいい場所を与えてくれるだろう。

銀座文化の灯を消さないためにも数寄屋橋の健在と発展を祈りたい。

手塚 治虫

漫画家

OSAMU TEZUKA

第二章

イベントにかかわるエピソード

志茂田 景樹

■

しもだ・かげき

作家。1940年3月25日静岡県生まれ。65年中央大学法学部卒業。日本文芸家協会会員、日本文芸家クラブ理事長、帝京短大客員教授。主な作品は『やっとこ探偵』(小説現代新人賞)、『黄色い牙』(直木賞)、『汽笛一声』(日本文芸大賞)など。94年日本文芸家クラブ特別大賞受賞。

数寄屋橋のお祭り

はじめて数寄屋橋にもぐったときのことは、よくおぼえている。

だれかはわすれたが、どこかの出版社の人に連れられていって、この店ですよ、と看板を示されたとき、五十代前半だった時期の母を思いだした。

ぼくにとって数寄屋橋というじっさいにあった橋と母は、セットになってあざやかな思いでのコアになっている。

NHKラジオが「君の名は」の放送をはじめたのは、ぼくが中学に進学した春のことで、このドラマに母は熱中していた。放送がはじまる何時間も前からそわそわして、夕食の仕度も上の空のときもあった。

父や、いずれも成人になっていた姉たちはこのドラマに意外と冷淡で、放送時間に帰宅していないことも多かった。

甘えん坊だったぼくは、母が好きなものを好きになるへきがあって、つきあって聴いているうちに母に負けない「君の名は」のファンになった。

数寄屋橋という橋をいつか渡ってみたい、とあこがれのように思ったものだ。翌年に早くも「君の名は」は映画化されて、母はぼくを連れて観にいった。

超満員ですごい熱気だったが、中学生はぼくのほかにいなかったような気がした。スクリーンの数寄屋橋上で空襲を逃れてきたヒーロー、ヒロインが出あうシーンは強く記憶に残っているが、それ以上に、

「あれが数寄屋橋か」

と、思わずつぶやきが出たほど、数寄屋橋のほうが脳裏に焼きついたのは、なぜだったのかしら。

この映画の大ヒットでその年の秋も深まったころは、ヒーロー真知子がやっていた真知子巻きが大流行になった。

ラジオドラマには冷淡だった姉たちは、映画が自分たちの周囲で話題になると、さっそく観に出かけて、その直後から真知子巻きをはじめた。

とくに下の姉は、ぼくに口紅をつけ、真知子巻きにして、似あう似あう、クックッ、とよろこんだ。

それから数日経って、学校から帰ると、母に呼ばれた。母は真新しいショールで真知子巻きになり、はずかしそうに、

「似あうかしらねえ?」

と、訊いてきた。

ぼくはふだんの母には気づかなかったなまめいたものを感じて、ドキリとしたものの、

「似あうよ、うんと似あう」

と、ほめていた。

その翌年の春休みのこと、ぼくは有楽町で降りて数寄屋橋を尋ねあてた。銅板(だったと思う)に数寄屋橋と刻まれた標示をくりかえしなでながら、おかしいほどになつかしい思いにとらわれたことをおぼえている。

その数寄屋橋の上流だったか、下流だったか定かでないが、まだ灯がともってい

ない飲食店がならんだ川べりを少し歩いた。おとなになってこのへんで一杯やっている自分を想像してひとり笑いをしていたから、すれちがった人は、ヘンな子どもだ、と思ったにちがいない。

数寄屋橋という看板に接してすぐ脳裏に浮かんだのは、真知子巻きをした母の姿だった。階段を下りて店内に入ったとき、数寄屋橋の橋の下にもぐったようなここちになった。

そして、たちまちのうちに、数寄屋橋のファンになった。冒頭の一文で「もぐった」と表現したのは、そのためである。

この店ではいろいろな出あいがあったが、ぼくにとってわすれられない思い出と言えば、やはり、恒例の夏祭りと年忘れの祭りだろう。年二回のこの祭りが近づくと、ママはむろんのこと、店の人たちのだれもがはつらつとした表情になり、はなやいだ雰囲気をかもしだすようになる。

リハーサルのことも話題になり、女性スタッフは全員参加らしく、この時期はいつもより早起きのモードになってしまうらしい。

入店まもなくの新人は、プレッシャーがかかることもあって、そういうひとりに、「だいじょうぶだよ。数寄屋橋のお祭りは、参加して楽しくやればいいんだ。応援するからね」

と、安心するように励ましたおぼえがある。「リンダリンダ」や「勝手にしやがれ」をテレビ番組や、あちこちのイベントでうたってバイオレンス音痴と異名をとったぼくも、このお祭りには一、二度出演して大いにヒンシュクを買ったものである。

このお祭りのメインイベントは、静香ママのシズカではなばなしい踊りで、芸者に扮しても男装をしても堂に入ってぴしっとキメたのはその役になりきることができたためだろう。

歌を含めてきちっとリハーサルを蓄積しているから、本番のときは自然体でなりきることができる。ステージで無心に演じているママに、ぼくは何度か教えられたものだ。

ところで、ママは股旅ものがよく似あう、と思った。

いつの祭りのことだったろうか。「箱根八里の半次郎」だったか、ママ扮する半次郎が横顔になったとき、その目がキラリと光った。照明が反射してのことかと思ったが、いやそうではなかった。半次郎になりきって踊っているママは、無意識のうちに感涙していたにちがいない。

そういうママに、店の人たちも客も感動している。こういう瞬間がこれまでにしばしばあった。五年あまり前、ぼくは「よい子に読み聞かせ隊」を結成し、読み聞かせ活動で全国各地を訪れるようになった。この活動を続けていって悟るようにわかったことは、子どもたちと感動を分かちあうことのすばらしさだった。それは語り手という意識をわすれて、子どもたちといっしょに物語の世界に入り込み、いっしょにその世界を広げていくことによってはじめて可能になった。

このすばらしさをぼくに刷り込みのように教えてくれたのは、数寄屋橋のお祭りであり、そのときのママの踊りではなかったろうか。踊ってあげる、見てちょうだい、ではなくて、みずからも楽しむことによってみんなと感動を分かちあいたいという心がその場にいあわせた人たちの心をゆさぶるのだ。

恒例の年二回のお祭りが求心力になっているせいか、数寄屋橋の人たちは団結の絆が強く、情を芯にした身内意識にあふれている。

大勢のスタッフをかかえたいまどきの銀座の店としては、たいへん稀有な存在だろう。言わば姉御肌の座頭を擁する数寄屋橋座なのかもしれない。

いや、数寄屋橋一家と言ったほうが近いのかもしれない。ママを次郎長に見立てれば、大政はだれだれ、小政はだれだれ、とちゃんと顔が浮かぶ。

灰神楽の三太郎らしき者もいるし、両眼健在でも森の石松もいそうだ。

ぼくが数寄屋橋の橋の下だと気に入ったこの店がビル所有者の事情により移転すると聞いてびっくりしたが、これも時代の流れかもしれない。

新生数寄屋橋は、どんな夢を見せてくれるだろうか。大いに期待している。

牧野 圭一

漫画家

KEIICHI MAKINO

勝目梓

■

かつめ・あずさ

作家。1932年6月20日東京都生まれ。伊集院高校中退。日本文芸家協会会員、日本ペンクラブ会員、日本推理作家協会会員、日本文芸家クラブ会員。主な作品は『寝台の方舟』（小説現代新人賞）、『血の裁き』、『真夜中の使者』、『悪の原生林』、『戦士たちの弔鐘』、『汚れし血もて償え』、『殺しのカードは蜜の味』など。

原点

　私が初めてクラブ「数寄屋橋」に行ったのは、一九七四年の秋だったと思います。当時、ある小説誌の編集長をなさっておられた峯島正行さんが、駈け出しの小説家だった私をそこに連れて行ってくださったのです。

　それまでの私は、お酒といえば場末の居酒屋やスナックあたりで飲むのが精一杯で、銀座のバーやクラブは手の届かない別世界のものでした。だから、それは私にとっては「数寄屋橋」が初めてであると同時に、別世界と思っていた銀座でお酒を飲むのも生まれて初めてという、記念すべき夜だったわけです。

　私はとても緊張していたはずです。峯島さんの後についてお店の階段を下りるときは、脚がふるえていたかもしれません。雲の上を歩いているような気分だったことを憶えています。

お店は賑わっていました。席を埋めつくしたお客さんたちは、みんな堂々としていて、それぞれが各界の一角《ひとかど》の人物のように思われました。そこに着飾って居並ぶ大勢のお店の女性たちもまさに百花繚乱（古くてごめんなさい）、選り抜きの美人ぞろいで眩しいばかり。私としてはあらためて別世界を実感した次第でした。

そのときに峯島さんが、連れの私をママさんに引き合わせてくださいました。初対面のママさんの印象的な生きいきとした眼や、明るい話し声や、あでやかな和服姿の艶めいた物腰などが、しなやかなオーラを漂わせているように思えたことを……私ははっきりと憶えています。

それと一緒に、その席で峯島さんが私におっしゃったことばも、脳裏に刻みつけられたままで残っています。

「勝目さん、これからガンガン小説を書きまくって、流行作家になって、こういうところで酒を飲んで、銀座の女たちを片端からモノにしてくださいよ。ガンバってください」

峯島さんはそうおっしゃったのでした。半分は冗談で半分は本音、と取れるような言い方でした。たぶん酔っておられたのでしょう。ずいぶん乱暴なことを言う人だなあ、と私は思ったものでした。

やがて私の書く物がいくらかは売れるようになって、仕事の面では峯島さんの期待に多少はこたえられたのかもしれませんし、「数寄屋橋」を皮切りに、私も銀座でお酒を飲むようにもなったのですが、もう一つのほうはまったく成果は得られませんでした。こちらの涙ぐましいほどの奮闘努力にもかかわらず、私のモノになってくれるような奇特な女性は、夜の銀座の社交界には一人も存在しなかったのです。その間のやるせない事情は、以来三十年間にわたって、厳然として変わっておりません。

私はそのときの峯島さんのその一言にそそのかされて、銀座でお酒を飲むようになった男であり、「数寄屋橋」はその手始めになったお店ですから、そこにまつわる思い出となると、やはりそのことがまっさきに頭に浮かんでくるのです。

けれども、このお店の思い出とくれば、なんといっても年に二回のあのお祭りでしょう。すばらしい熱意と創意に満ちたあのイベントが恒例になったのは、いつからのことだったのでしょうか。かなりの年月をへているはずです。私の曖昧な記憶では、以前に年末の催しとして、歌謡大会が行われていた時期もあったように思われます。カラオケの出現以前だったのか、ナマのギターやアコーディオンの伴奏がついていたのを憶えています。あのころすでに、お祭りも行われていたのだったかどうか、私ははっきり憶えていません。頭に残っているのは、歌謡大会の楽しさだけです。

それにも増した楽しさを盛り込んだのが、夏と冬に催される「数寄屋橋」のお祭りです。

お店の若い女性陣の初々しい歌と、ちょっぴりセクシーなステージ衣装。ベテラン勢の人生を感じさせる年季の入った芸。そしてなによりもこれぞ呼び物の、妖艶でいなせなママの男踊り。畳三帖あるかないかといったあの小さなステージに、よくぞここまでと思うほどに工夫を凝らした数々の仕掛けと照明にも、いつも感心させられます。

出演者諸嬢の熱演が、見る者にその舞台の狭さを忘れさせ、盛り沢山の演目におひねりと陽気な掛け声がとびかって、そのときだけは店内は、旅役者園田静香一座を迎えた芝居小屋さながらのムードに染まります。それがいいのです。花の銀座の一角に出現するレトロな異次元世界の趣――それがあのお祭りのなによりの魅力なのだと私は思います。

あのようなユニークなイベントを企画し、年中行事として持続させているところに、このお店の並々ならぬパワーと、きわだった個性を感じます。そして言うまでもなくそれは、ママさんの常日頃のたいへんな努力なしではなしえないことだろうと思われるのです。

しかしながら、花に嵐の譬《たと》えもあります。有為転変は世の常です。このたびは「数寄屋橋」も不測の外的な事情から、お店の移転を迫られているとのこと。ママさんは、本丸を奪われる城主のような忍びない思いに襲われたことでしょう。客としてもこれはなんともやるせない出来事です。階段を下りて行くと、なぜだか入口のドアが開けたままにしてあることの多い「数寄屋橋」が、通いなれた場所から他に移るのだと思うと、なにやら淋しい気もしてきます。

けれども私は一方では、お店の新規開店の知らせが届くのを、心待ちにしているところです。今度のことがお店の長い歴史の中に一つの節目となって、「数寄屋橋」がさらに賑わうようになるのはまちがいないことです。もちろん、恒例のお祭りもつづけられていくことと思います。

私にとっては「数寄屋橋」は、銀座のお酒の原点となった思い出深いところですから、寄る年波とともにアルコールに弱くなっている身ながら、このお店の一層の活況を願わずにはいられません。がんばれ、静香ママ!!

安孫子 素雄　漫画家

MOTOO ABIKO

井沢元彦

■

いざわ・もとひこ

作家。1954年2月1日愛知県生まれ。77年早稲田大学法学部卒業。日本ペンクラブ会員、日本推理作家協会常任理事、冒険作家クラブ会員、日本SF作家クラブ会員。主な作品は『猿丸幻視行』(江戸川乱歩賞)、『言霊』、『悪魔の女王』、『逆説の日本史』シリーズ、『英雄の世界史』など。

夢への架橋「数寄屋橋」

「数寄屋橋」はボクにとって、銀座という夢の世界への架橋《かけはし》でした。

小説家として初めて賞を取って、いや正確に言えば新人賞を取って作家としてデビューして、銀座というところで初めて飲んだのは、それは皆同じだと思いますが編集者に連れていってもらった時のことです。それが「数寄屋橋」だったかな。

なんとなく秘密クラブみたいでしたね、地下に降りる階段がありましたから。静香ママとお会いしたのは店ではなく、たぶん立食式のパーティの中だったと思います。凄い派手な化粧——いや、あの整った顔立ちが印象的でした。

なんというか、ほっと落ち着ける空間でしたね。いろいろなタイプの女の子がいました。女性との付き合い方も教えてもらいました。

大先輩もいました。同僚というか仲間もいました。

昔の銀座には、この「先生」をつかまえるならここだ、という店があちこちにありましたね。編集者ばかりでなく、ボクらもこの慣習(?)を利用したものです。特に大先輩に頼みごとをする場合は有効でしたね。そういうことは酒席で話すな、というような人はあまりいなくて、話がスムーズに進んだものでした。「お祭り」がまたママの芸の幅広さと、交遊関係の広さを実感させる、素晴らしいイベントでしたね。まあ、皆さん芸達者で歌もダンスも相当なものですが、ママの日本舞踊はこういうのを「昔取ったキネヅカ」というのでしょう。普段はカラオケを置かないこの店も、この時ばかりはフル回転で、ボクも何曲か歌った覚えがあります。

——そうか、「祭りの空間」があるということは、「数寄屋橋」はまさに「おやしろ」みたいなものなんですね。階段を降りると異空間で、さしずめママは「出雲の阿国」か「竜宮城の乙姫」といったところでしょうか。いやそれとも八百歳の長寿を保ちながら美貌も若さも失わなかったという、伝説の八百比丘尼《やおびくに》かもしれません。実際、ママとは四半世紀近い付き合いになるはずですが、最初にあった時とまるで変わりません。こういうのをバケモ――いや仙女というのでしょう。

そんな「数寄屋橋」が無くなってしまうなんて、ママも引退してしまうなんて、残念です。

ママにはずっと現役でやってもらいたかった。でも少しお疲れなのかもしれませんね。「疲れ」という言葉は無縁だと思っていたのですが――。ゆっくりお休み下さい。

えっ？　止めないの。店が移転するだけ？

なんだ「しんみり」書くんじゃなかった。

その大きな眼で「アンタ、たいがいにしなさいよ」と言われそうだから、この辺で止めます。

松林宗恵

■

まつばやし・しゅうえ

映画監督。1920年7月7日島根県生まれ。41年龍谷大学専門部卒業。42年日本大学法文学部在学中に東宝東京撮影所に入社。43年に日大卒業、翌年学徒出陣。主な監督作品は東宝の「社長」シリーズほか「人間魚雷回天」、「太平洋の嵐」、「世界大戦争」、「連合艦隊」など。

天晴れ　数寄屋橋歌劇団

約十四年前のことである。平成二年十二月二十五日、亡きフロリダスモーニングの荒木社長に連れられて、「君の名は」で有名な数寄屋橋近くのクラブ「数寄屋橋」に行った。古びたビルの地下にある狭いバーである。人呼んで〝文壇クラブ〟。有名な作家や、出版関係の常連客が多い。そこで、ママの園田静香嬢が率いるホステスと従業員を総動員してのショウが開かれていた。舞台は畳二畳、今まで数多くの舞台を見て来たが、世界で一番狭い舞台である。

客席には、手塚治虫、早乙女貢、森村誠一氏ら。紀伊國屋書店の松原治さんやテレビ東京の中川順さんの顔も見える。私は東急百貨店の三浦守会長、にしきのあきら君らと同席してショウを見る。ホステス嬢達が、次々と各自の持ち歌をうたい、踊る。そして、ママの静香嬢が絢爛たる衣装で、二畳の舞台いっぱいに黒田節を舞う。

その踊りは、まさに、迫力があり圧倒される。日本舞踊の名取であって、肥後（熊本）美人の明眸が踊りの所作の一駒ひとこまにひかり輝いて圧巻である。拍手、喚声、絶叫。〝日本いち――〟〝天晴れ!!〟〝うまいぞ〟〝いいぞ!!〟〝立派だゾ!!〟。

照明係のホステスの一人が、盛んにライトを点滅させる。静香嬢が、まさに大見得を切ろうとした、その瞬間、〝静香《しずか》!!〟の大向こうがかかった。一同アッと息を飲んだ、間髪をいれず〝静かにせーい〟の野次。クラブの中に爆笑の渦……。

夏七月と、暮れ十二月の年二回、常連の客に感謝をこめて行われるこの素晴らしいショウを、私は毎年見せてもらっている。若いホステスの入れ替わりはあるが、大体ホステスの顔触れは替わらない、従業員の顔も替わらないのに感心する。その人間関係の密度の濃さは見事である。私はこのショウを、「クラブ数寄屋橋学芸会」と尊称している。高度な遊び心と精進心がなくてはできないことである。

日本には、東京には、銀座にはネオン輝くクラブやバーがたくさんあるが、クラブ「数寄屋橋」みたいなユニークなクラブは他にないのではないか。このショウに招かれる常連客もまた純度の高い遊び心をもったエリート達だと思われる。

佐藤雅美

■

さとう・まさよし

作家。1941年1月14日兵庫県生まれ。早稲田大学法学部卒業。日本文芸家協会会員。主な作品は『大君の通貨』(新田次郎文学賞)、『恵比寿屋喜兵衛手控え』(直木賞)、『居眠り紋蔵』、『八州廻り桑山重兵衛』シリーズなど。

祈・新規開店

　ゴルフが終わって、十数人がいつものように酒を飲みながら雑談にふけっていたときのことだ。

「縫いぐるみが……」

　どうのこうのという話が耳に入る。二組に分かれて、てんでに雑談していたときの隣の組の話で、なんの話なのかはよく分からないが、面白そうなので耳を傾けた。しゃべっているのは藤子不二雄Ⓐこと安孫子素雄氏で、つづけてこう耳に入ってくる。

「もう何十年になるが、いっこうに変わらない」

「いや、本当」

「まったく」

何人かが相槌を打つ。そこで、はっと気づいた。「数寄屋橋」の園田静香ママの話をしているのではないかと。聞けばそのとおりで、安孫子さんのいうのに、男でも女でも年が経てば相応に老け込むのに、「数寄屋橋」の静香ママはいっこうに歳をとらない。まるで縫いぐるみを被っているようだと。

実際そうで、彼女はいっこうに歳をとらない。不思議な女性で、しかも美人でやさしいときているから、男は夜な夜なクラブ「数寄屋橋」への階段を下りる。

もっともわたしは、開店して三十五、六年になるらしい「数寄屋橋」の客としては新米だ。通いはじめて十年くらいにしかならない。しかもそれでもデカイ面をしてボックスにすわっていることができるのは、静香ママをはじめ、お店のみなさん(男性従業員をふくめて)が長年の常連のように扱ってくれるからだ。とにかく、居心地のよさは抜群で、ボックスにすわるといつも、我が家に帰って寝っ転がって飲んでいるような気持ちにさせられる。

お店のみなさんといったが、このお店は他のお店といささか変わっていて、静香ママが社長、ホステスさんの何人かは副社長、専務、常務、部長という肩書を持っ

ている（名刺にそう刷っているわけではない）。ということは、お分かりのように
みなさん、二十年、三十年のベテランということだ。

長年通っている店で、久しぶりに顔をだしてみるとママが休んでいて、後は見たこともない顔触れということがあって白けることがたまにある。ホステスさんはベテランがいいというわけではないが、ころころ替わられるより、変わりのない顔触れに温かく迎えられるほうがいい。

ところでこの夏のこと、大阪と東京の両方に本拠をおいて、往ったり来たりしている兄と酒を飲む約束をしていたら、もう一日、付き合えと連絡が入った。わたしは五年半前から伊豆の東海岸沿いに住まいを移している。二日つづきはしんどいのだが、どうしてもということなので、付き合うことになった。

クラブ「数寄屋橋」は兄にも紹介しており、二日目は「数寄屋橋」ということだったので、一日目は飯を食った後、他の店にいった。二日目、おなじく飯を食って「数寄屋橋」に入ろうとすると、引っ越しでもするかのように、ボックスなどがいくつか店の前におかれてごたごたしている。

なんだろう？　怪訝に思って中に入ると、なんとその日は「数寄屋橋」名物のお祭りの日だった。「数寄屋橋」は年に二度、夏と冬に、ママ以下ホステスさん、男性従業員全員で、お祭りをおこなう。見にきてくれとかねて誘われていたが、わたしは食わず嫌いなところがあって、慣れないことには見たり手をだしたりしたくなく、遠慮していた。

ハチャアー、これはえらいところへきてしまったわいと後悔したのだがもう遅い。しかも、その日兄は、日本赤十字社の副社長近衛忠輝さんと「数寄屋橋」で待ち合わせしていたから、落ち合うまでは腰を落ち着けていなければならない。

覚悟を決めて見廻した。店の様子がまるで違う。小さいながらも隅に舞台が設けられていて、舞台を三方から囲むようにテーブルとソファーが順に並べられている。すわると嫌でも舞台を目の前にする仕掛けになっていて、すすめられるまま席にすわった。

席は満席だ。正直、物好きもいるものだと思ったのだが、わたしも、嫌々ながら催し物を目にすることになった。見た。意外や意外、これが面白い。なにより、ママをはじめ全員が照れることなく、真剣に唄い、役を演じて、陶酔しているのがいい。こせこせしたこのご時勢、なかなかそうはいかない。

何ステージかあるそうで、幕間になって、部屋が明るくなった。著名人も大勢見えていたのだが、近くに森村誠一さんがおられた。

森村さんとは初対面だったが、ママがすぐに紹介の労をとってくれた。森村さんはカメラに凝っておられるようで、操作の難しいカメラをちょこちょこやっておられ、わたしは森村さんとカメラにおさまった。後日、写真を送ってもらったのはいうまでもない。

とそうこうするうち、一通りステージを見たので、外へでて、兄や近衛さんと一緒に違う店を覗いた。そこへママから、店に戻ってこられませんかと電話が入った。わたしと近衛さんの二人が戻った。ステージは終わっていて、カラオケがはじまっていた。わたしも近衛さんもカラオケに参加した。

言い忘れたが、ママは熊本の出身である。近衛さんも細川家から養子に入っておられるから、いうまでもなく熊本の出身。わたしも兄も熊本の出身。もちろん近衛さんなんかとは月とスッポンといっていいほど、出自に違いがある。それでも兄は近衛さんと、親しくさせていただいているというほどではないが、いささかのご縁ができ、ともに知っている「数寄屋橋」で落ち合ったというわけで、わたしも世が世なら、御簾《みす》を挟んでしかお会いすることができないような五摂家筆頭の近衛さんとお近づきになれたという次第である。

ともあれ、そんな店「数寄屋橋」が立ち退きを迫られ、店は閉店ということになった。おそらく、この本が出版されるころには、新しく店を開店しておられることだろうが、この原稿を書いている九月末の時点では、ただただ、新規開店（こう書くとなにやらパチンコ屋のそれのようだが）を祈るばかりだ。

逢坂 剛

■

おうさか・ごう

作家。1943年11月1日東京都生まれ。66年中央大学法学部卒業。日本推理作家協会理事長。主な作品は『暗殺者グラナダに死す』（オール讀物推理小説新人賞）、『百舌の叫ぶ夜』、『カディスの赤い星』（直木賞、日本推理作家協会賞、日本冒険小説協会大賞）など。

「数寄屋橋」の思い出……はまだこれからだ！

初めて「数寄屋橋」に行ったときのことは、もう思い出せない。たぶん、まだ駆け出しの作家にすぎなかった一九八〇年代の前半、そろそろ四十代に差しかかるころだったと記憶するが、どこかの編集者に連れられて行ったのが、最初だと思う。

別に自慢するわけではないけれども、わたしが広告会社に入社した二十代のころは、まだ接待費に税金というものがかからず、どれだけ高くても必要経費で落とせた時代だったから、銀座のクラブを札びらを切って飲み歩いたものだった。

といえば格好はよいが、実際に金を払ったのは上司や先輩であって、わたしではない。クラブの女の子は、どう見てもわたしより年上に思える上に、だれが金を払うかよく承知していたから、わたしのような駆け出しにはハナも引っかけない。なるほど、銀座というのは若くてハンサムで、髪の毛がふさふさしているだけではもてないのだなと、そのときしみじみ悟ったものだ。

それからほどなく、税務署が接待費に多額の税金をかけ始めたことから、会社は急に接待費枠を引き締めるようになった。クラブで遊ぶなど、部長や局長、さらに役員クラスでなければ許されない、という時代に突入した。彼らのお供で行くことはあっても、その回数は激減した。

とはいえ、銀座のクラブで飲んだ経験は豊富だったから、駆け出しの作家でも「数寄屋橋」へ来て、物怖じすることはなかった。驚いたのは、相変わらず店の女の子（?）がわたしよりも、年上に見えたことだった。全員とはいわないが、そう見えただけでなく実際に年上だった子も、いたらしい。今でもいるかどうかは知らないし、どちらかといえば知りたくもないのであるが、実はそこにこそこの店でくつろげる、最大の理由があるのだ。

これは「数寄屋橋」での話ではないが、別のある老舗のクラブでK方K三という当時売り出し中の作家と、酒を飲んだことがある。女の子たちは、かの有名なK方センセが来たというので、キャインキャイン、ゴロニャンとばかりそのまわりに群れ集まって、大騒ぎをした。わたしは、しかたなく同行した編集者と二人、相手をする女の子もなくぶつぶつ言いながら、苦い酒を飲んでいた。

すると突然、前を通りかかった恰幅のいい紳士が足を止め、声を発した。

「N君（わたしの本名）。こんなところで、何をしているんだ」

見上げると、それは当時勤務していた広告会社の、専務取締役だった。わたしは、たちまち一介のサラリーマンにもどり、ぴょんと立ってその場に直立不動になった。

「は。本日は、作家として編集者と打ち合わせのため、来たのであります」

まるで、ビンタを待つ二等兵のような気分だった。

専務は、わたしが作家の端くれだったことを思い出したらしく、表情を緩めた。

「そうか。飲むのもいいが、あしたも会社に遅れるなよ」

すっかり酔いがさめたことは、言うまでもない。わたしは、すたすたと店を出て行く専務の背中に、最敬礼をした。

それにしても、あのときほど自分が駆け出しの売れない作家でよかった、と思ったことはない。もしもわたしが、あのときのK方K三センセのように女の子に囲まれ、大いにもてまくっているところだったら、専務に声をかけられたとき絶息しただろう。

その意味でも、K方K三は、わたしの命の恩人なのである（大学の後輩ですけどね、彼は）。

そこへいくと、「数寄屋橋」はベテランも駆け出しも区別なく、作家を温かく迎えてくれたから、うれしい。そもそも、地下へもぐって店にはいるという、あのくら〜い感じがなんともいえずよい。しかも、ソファのスプリングがはみ出して、お尻を心地よく刺激するあの感覚が、また堪らない。昭和三十年代、四十年代の東映のギャング映画を、思い出させる雰囲気がある。ソフトをかぶった片岡千恵蔵が、「うろうろしやがると、ぶっ殺すぞ」とすごんだ、あの時代である。

突然話は変わるが、わたしは高くていばっている寿司屋が、嫌いである。金払いのいい常連だけちやほやし、こつこつ溜めた小遣いを握り締めてやっと食べに来た、一見《いちげん》の客に冷たい寿司屋が嫌いである。一流の寿司屋なら、ネタにそれほどの変わりはない。どうやって客をもてなし、おいしく気持ちよく食べてもらえるかを考えるのが、ほんとうのプロだろう。寿司のうまいまずいは、客あしらいで決まるといってよい。

話は突然もどるが、クラブも同じである。きれいで若い子ばかり集めればよい、というものではない。よくいわれるように、かつてはホステス嬢が客を楽しませたのに、今は客がホステス嬢のごきげんをとる。これでは、いやな寿司屋と変わらない。

その点「数寄屋橋」は、もちろん若くてかわいい女の子もいるが、それだけを売り物にしていない。ネタだけで勝負しない、いい寿司屋なのである。まず握り方がいいし、締め方もうまい。サビもきいているし、ガリもそれなりに味がある。これがほんとうの、理想的なクラブだろう。

わたしが、この店に関して自慢できる唯一のことは、恒例のお祭りでステージに呼び上げられ、フラメンコギターを弾かせてもらったことだ。むろん数多い常連の中には、いろいろな才能の持ち主がおられるだろうが、フラメンコギターを弾いたのはわたしが最初で最後、といってよかろう。もし今後、新たに「弾いてやろうじゃないか!」というライバルが現れたら、いつでも受けて立つ覚悟だ。

これはむろん、追悼文ではない。新しい門出に贈る、激励の言葉である。そう、「数寄屋橋」の思い出は、むしろこれからできることになるだろう。また、椅子からスプリングが飛び出すまで、新天地でせいぜいがんばってほしい。

みんなで応援しようではないか。

小林 秀美　画家
HIDEMI KOBAYASHI

■ MITSUGU SAOTOME

早乙女 貢

■

さおとめ・みつぐ

作家。1926年1月1日旧満洲・ハルビン市生まれ。慶應義塾大学文学部中退。日本文芸家協会理事、日本ペンクラブ専務理事、神奈川近代文学館理事、日本・ルーマニア協会理事。主な作品は『僑人の檻』(直木賞)、『会津士魂』(吉川英治文学賞)、『権謀』、『血槍三代』、『沖田総司』、『北条早雲』、『独眼龍政宗』、『由比正雪』など。

華《はな》やかに艶《あで》やかに

銀座には、昼の顔と夜の顔がある。夜の銀座を彩るバーやクラブは三千軒ほどあるそうだ。数えたわけではないから正確には知らないが、昔からそういわれ、最近もそういわれている。景気不景気で、いつも銀座の盛衰が話題になるが、減って三千軒、増えて三千軒？　つまりは店名が変わるかママが代わるか。顔ぶれは違っても、店は存在する。この摩訶不思議なところが、銀座のギンザたる所以《ゆえん》。

店が三千軒で、オンナが五万人。この浮沈の烈しい場所で、三十年以上も生存するということは、それだけでも奇蹟に近い。

クラブ「数寄屋橋」は店の場所もママも変わらず、長年月繁昌して来たというのは、特別の理由がある。ママが美人、ホステスも綺麗、というだけでは、永続きしない。安い、感じがいい、客の人種がいい、この三大条件は絶対だ。その上、流行のカラオケを入れないのがいい。バカな酔っぱらいの下手クソな歌を聞かされると逃げ出したくなる。ギンザは場末の盛り場とは違うのである。

私が夜のギンザに足を踏み入れるようになって五十年近くになるが、しげしげと通いはじめて四十年。奇しくも、クラブ「数寄屋橋」の歴史とほぼ等しい。振り返って見れば、ギンザ通いがなければいまごろは金蔵が五戸前ほど建って左団扇で暮らせたであろうに。原稿用紙のマス目を一字一字書く苦しみ（私は小説というものは、キカイで書くものではないと信じている）から解放されているはずだが。

だが見方によれば、ギンザの青春があればこそ、今日の私が七十八歳の現役でいられるのだとも思う。

その「私のギンザ」「私の数寄屋橋」が、失くなることなどあり得ない。クラブ「数寄屋橋」が失くなる、という噂を聞いたのは初夏のころだった。私は耳を疑った。失くなるとは、潰れる、ということか。

「冗談いうな」と、私はいった。

「火星がぶつかるか、ママが死ぬかする以外、クラブ『数寄屋橋』は失くならない」

実際、そう信じている。案の定、ビルの持ち主の事情で移転を余儀なくされている、というだけのことだった。無責任な噂というものは、ギンザも例外ではない。私は付け加えた。

「早乙女貢が死なないかぎり、クラブ『数寄屋橋』は失くならない」

思えば人間の出会いとは不思議なものだ。私が静香ママと出会ったのは、彼女がまだ二十歳そこそこ（本当にそこそこ）。正確な日時は思い出せないがクラブ「数寄屋橋」が銀座に誕生して半年と経たないころだった。

その日、私はパーティに些か遅れた。皇居前のパレスサイドビルの最上階に、アラスカというレストランがあり、毎日新聞社も同じビルだったせいか、よくここでパーティをやった。

遅れたせいで、ビルのエレベーターホールは閑散として、仄暗《ほのぐら》いムード照明の中に、一人の佳人がいるだけ。あのホールは円形でエレベーターが幾つかある。その中に、ぽつんと、一人の若く美しい着物の女性が佇《たたず》んでいる姿は、いまも目に在る。楚々たる美女――に見えた。ムードというものは現実以上に、人の心を捉えるものだ。

慎み深い私は、近寄りたい衝動を抑えて、数メートル距離を置いていた。ドアが開いた。殆ど同時に二ヶ所で開いた。つまり、べつべつのエレベーターに乗ったのだ。

九階だったか、私は急ぎ速《ば》やに廊下へ歩き出した。アラスカはエレベーターホールから離れたところにあった。すると、その美女が小走りに追いすがって来たのだ。「アノ……」と、つつましやかに彼女は声をかけた。「アラスカにお出でになるのじゃありません?」。そしてこう言ったのだ。「アタクシ遅れてしまって……御一緒して頂けません?」。

運命の出会い、というしかない。遅れたことの幸運。どっちかが遅れなかったら、このパーティで知り合っても、ただのママと客の間柄でその後の進展はなかったろう。昨日テレビで三十八億円のクジに当たった男（アメリカ）の映像を写していたが、クジを買うために店に入ったとき、横から一人割り込んで来たやつがいて、結局その次に買ったのが大当たり。これが運命だ。

私がクラブ「数寄屋橋」に通うようになって、担当の編集子や同年輩の作家たちを紹介するなどして、店はたちまち文壇バーの一角を占めるに至った。何しろ若いママというところが意気壮《さか》んな新人作家にとって居心地がいい。私の前後の直木賞だけでも、五木寛之、三好徹、野坂昭如、生島治郎、渡辺淳一などで、少し遅れて、半村良、色川武大、田中小実昌などの遊び好きが多かったから、たちまち、老舗の「お染」「エスポワール」「眉」「ラモール」「葡萄屋」などを凌駕する勢いになった。私は「眉」の長塚マサ子や「エスポ」の川辺るみ子などに、随分、嫌味をいわれたものだ。丹羽文雄や大岡昇平や中島健蔵、柴田錬三郎などうるさ型が難しい顔で飲んでいる所なぞ、若者は敬遠したくなる。

常時二十人ぐらいのホステスを抱えたママの仕事は大変だろうと推察するが、この店の繁栄の理由の一つは、どんなときでもママは、嫌な顔、うとましい顔を見せたことがない。いつもにこやかで、苦しみ悩みを表情に出さない。だから男の客は嫌な思いを一度もしたことがない。彼女には仏頂面《づら》とか、ふくれっ面、冷たい女のそれが一つもない。常に思いやりのある、心の寛《ひろ》い、豊かで楽しい女性であるところ、他のギンザのママの手本といえる。

趣味の絵は上野の都立美術館に飾られたことがあるくらい巧みで、その抒情性と童女のような純粋な眼が評価されたし、趣味の日本舞踊は、叶流の名取で、新橋演舞場で「鷺娘」などを、生島治郎や芥川賞の菊村到などと、とっくり拝見した。

この妖しく美しい艶姿を思い出したのは、日本ペンクラブで、アジア大会を催したときだ。京王プラザホテルで開催（平成八年）した際、多くの外国の文学者に日本古来の踊りを見せたい、とフィナーレ前日に決まって静香ママに電話した。今日の明日だ。

「お得意の春雨を踊ってくれ」

「エッ、こんなときは三カ月も前から決めるものよ」

「明日だ、頼まれてくれ。青い眼を驚歎欣喜させるのも、日本文壇に関わりの深いお前さんのつとめだ。名誉のボランティアだ」

些か強引な頼みを引き受けてくれたのも、肥後女《モッコス》の気っ風のよさで、日本ペンクラブの専務理事たる私はホッと胸をなでおろした。

日本ペンクラブとクラブ「数寄屋橋」の由縁は深い。

五木寛之と共に私が理事になった昭和五十年から、例会(懇親会)やペンの日などに手伝いに来て貰うことにした。それまでは、理事会など新宿中村屋の狭い薄暗い部屋で湿っぽくぼそぼそやっていたので、石川達三会長や田邉茂一と相談して東京會舘で明るく楽しくやることにして、静香ママが美女たちを引き連れてくるようになり、次第に盛大になっていった。夜のギンザに足を踏み入れたことのない地方の会員などは、彼女らの艶姿に接して、「年甲斐もなく胸がドキドキして、生き甲斐を感じます。帰りの汽車の中で、ヤルぞって元気が出ます」と告白する人もいた。当初の二、三十人が、今では二百人、三百人の規模で、その貢献度は大きい。日本ペンばかりでなく、日本文芸家協会の会合にも、ずっと来て貰っていて文壇との関わりは深い。

ギンザの華やかな夜を彩るクラブ「数寄屋橋」は静香ママの健在なかぎり、灯は消えない。この人、体形変わらず病気をしたことがない。私と同じである。幸運の星を背負ったオンナに接した男が幸福ならざるはずはない。つまりはアゲマンということだろう。

撮影／荒木 経惟

第三章

思い出の花々

西村 京太郎

■

にしむら・きょうたろう

作家。1930 年 9 月 6 日東京都生まれ。東京都立電機工業学校卒業。日本文芸家協会会員、日本推理作家協会会員。主な作品は『歪んだ朝』（オール讀物推理小説新人賞）、『天使の傷痕』（江戸川乱歩賞）、『寝台特急殺人事件』、『終着駅殺人事件』（日本推理作家協会賞）など。97 年日本文芸家クラブ大賞、2004 年日本ミステリー文学大賞受賞。

何とも奇妙な三角関係

私と、数寄屋橋のママと、山村美紗さんが三角関係だったといっても、形が、三角だったということで、何とも奇妙なものだった。それなのに、三人して、その三角関係を楽しんでいた感じがする。

どうして、こんなことになったのかと、考えてみると、私が、四十年間住みなれた東京を離れて、京都に住むようになったことがあると思う。その前から、数寄屋橋の店も、ママも知っていたが、数回行っただけのことで、そのあと、京都に住むようになって、自然に、疎遠になってしまった。

京都では、山村さんと親しくなり、遊ぶ場所も、祇園のお茶屋や、クラブになっていく。その中《うち》に、少しずつ作品が売れるようになり、山村さんも、華やかな女流作家になっていった。

そうなると、東京へ行く用も増えて、一泊して、出版社の連中と飲みに行くようになる。山村さんが、心配して、

「飲みに行く店なんかわからないでしょう?」

と、いい、

「行くんなら、数寄屋橋へ行きなさい。そこのママに連絡しておくから」

と、いう。どうも、山村さんの眼から見ると、私という人間は頼りなくて、すぐ、女に欺されてしまうように見えるらしかった。京都なら山村さんの眼が行き届いているが、東京では、私が、何処へ、ふらふら行ってしまうかわからなかったのだろう。


そんなわけで、私は、また数寄屋橋へ行くようになったのだが、飲んでいて、午後十時頃になると、ママが、京都にいる山村さんに電話をかけた。「西村さんはちゃんとうちへ来て、飲んでますよ」と、いうらしい。そのあとで、「山村さんが電話に出てるから、西村さんも出て」と、受話器を渡されて、私が出ると、山村さんは、

「いちいち西村さんを呼ばなくてもいいのにねえ。あのママ、余計なことをするのよ」

と、いう。

山村さんにいわせると、ママが心配していちいち、今、西村さんが来ていて、楽しくしているから、安心してと、勝手に電話してくるということになる。ママにいわせると、山村さんが心配して、十時頃になったら電話してくれと、頼んでいたことになる。山村さんが亡くなってしまった今となっては、どちらなのかわからないが、このあたりでは、三角でも四角でもない。

こんなこともあった。私は、飲みに行くというと、数寄屋橋になってしまった。その中に、山村さんはミイラとりがミイラになるのが、心配になってきたらしい。しかし、東京では数寄屋橋に行きなさいといってあるから、今更、あのママの所へ行くなとはいえない。

ある日、山村さんが東京へ行く私にいった。

「気がつかなかった？　生島治郎さんが結婚した時、あのママさんが、悲しそうな顔をしてたのよ。本当はね。ママは生島さんが好きだったのに、生島さんが結婚してしまって、失恋したわけ。だから、先日、数寄屋橋へ行ったとき、ママをなぐさめてあげたのよ」

「あのママがねえ」

と、思ったが、私には、その辺のことはよくわからないし、山村さんがなぜ、こんな話をするのかもわからずにいると、山村さんは、続けて、こんな話をした。

「ママは、生島さんに失恋したあと、立ち直って今度は、笹沢（左保）さんが好きになったのよ。そうしたら、笹沢さんは、九州へ行ってしまってね、可哀そうなのよ。それで、今、ママが誰を好きになってるか、知ってる？」

きかれても、私には、見当がつかない。

「誰が好きなのかな？」

「森村（誠一）さん」

と、山村さんが断定するように、いう。

しかし、まだ、私には山村さんが、何をいいたいのか、わからずにいた。

「へえ。あのママは、森村さんが好きなのか?」

「知らなかったの?」

「知らなかった」

「今度、数寄屋橋へ行ったとき、よく見てごらんなさい。普通のお客さんが帰るときは、ママは、わざわざ、見送りに行かないけど、森村さんのときはママが見送りに店の外まで出て行って、なかなか帰って来ないから」

最後の言葉はどうにも信じられなかったが、三人の作家の話に半信半疑でいると、山村さんが、こういう。

「あのママは、メンクイなの。生島さん、笹沢さん、森村さんと三人とも細面の美男子でしょう。ママは、ああいう顔が好きなのよ。西村さんとは顔立ちが違うの。私は、西村さんみたいな味のある顔が好きだけど、あのママには合わない。ママは、営業でいろいろと、西村さんに迫ってくるかもしれないけど、それを、本気にすると、辛いことになるから注意してね」

と、山村さんはいう。

私は単純だから、その話を信じたい。なるほど、生島さん、笹沢さん、森村さんと並べば、よく似ている。いずれも、細面の美男子だ。私は、納得してしまった。

その後も、東京ではいつも、数寄屋橋へ行っていたが、私の頭は洗脳されてしまっているから、自然にママにはヨソヨソしい態度しかとれなくなってしまう。

それが、ママには、カチンと来たのかもしれない。パーティ会場から数寄屋橋へ行くとき、ママが、強引に、腕を組んできて、「二人で腕を組んで、夜の銀座を歩きましょうよ」と、いったりする。

これで、少しばかり、三角関係らしくなってきたのだが、ママは営業で一生懸命だし、山村さんは、要らぬ心配をしているし、私は、わけもわからずに、うろうろしているという三角関係である。

もう、山村さんは亡くなってしまい、私も、古稀である。一人だけ、今も若いママは、湯河原に温泉を楽しみに来て、そのあと、わが家に寄ってくれて、その頃の話をする。

やたらになつかしい。そんな話の中で、ママは、「私が、生島さんに失恋したり、笹沢さんに惚れていたり、森村さんが好きというのは、嘘。西村さんだって、好きだったわよ」と、いってくれるが、この話だけは、信じませんよ。何ていったって、あの三人は美男子だから。

伊集院 静

■

いじゅういん・しずか

作家、演出家、CMディレクター、作詞家。1950年2月5日生まれ。立教大学文学部卒業。日本文芸家協会会員。主な作品は『乳房』（吉川英治文学新人賞）、『受け月』（直木賞）、『機関車先生』（柴田錬三郎賞）、『ごろごろ』（吉川英治文学賞）など。

黒岩重吾さんのこと

二十数年前の夜のことだ。

銀座の地下にある酒場で、一人の眼光鋭い人物と遭遇した。

隅の暗いテーブルに、数人の男たちに囲まれるようにして、その人は居た。同席の男たちが身を乗り出すようにして話すのを、その人は黙って聞いていた。背筋を伸ばし、口を真一文字にして相手を見つめる眼にはどこか危険な匂いが漂っていた。周囲の空気が張りつめていた。私はその人物が気になり、何度かそのテーブルを見ていた。私の視線に気付いた友人が、隅のテーブルに目をやった。そうして囁くように私に言った。

「黒岩重吾だ……」

——あれが黒岩重吾か……。

そう呟いた時、そのテーブルの男たちが立ち上がり、作家はゆっくりと店を立ち去った。

その夜が黒岩重吾を見た最初の日で、店は〝クラブ数寄屋橋〟だった。

店を出て銀座の路地を歩きはじめてからも、作家の風貌が瞼に焼きついていた。

十年後、その黒岩さんと酒を飲むようになるとは考えてもいなかった。

黒岩さんには新人作家の時代から何かにつけ世話になった。ほとんどは叱られることばかりだったが、東京で最後に酒場に行こうとなると〝クラブ数寄屋橋〟と決っていた。

黒岩さんは女性たちに人気があった。酒場での仕事の話が一段落すると、愛想をくずして、どこか少年のような振舞いをした。それがまた女性たちの何かをくすぐったのかもしれない。

あれはいつ頃だったろうか。客が早く引けた夜半、二人してトランプをしたことがあった。ドボンという種目だが、黒岩さんのトランプは常人のなすものと違っていた。単純に強い打ち方をする人だった。柴田錬三郎さんと長く遊んでいらしたというから、年季も、元手もかかっていたのだろう。

私は最期の勝負処で敗れた。精算した後、嬉しそうに女性たちにチップを渡していた。私は口悔しさもあって言った。

「たしかにそのお金はもう黒岩さんのものでしょうが、目の前でそう嬉しそうにチップを配るのは失礼じゃありませんか」

「伊集院君、そんなことを口にする君の方が卑しいぞ。ここは遊び場だ。しかも銀座だぞ。金のことは口にするな」

そう言ってニヤリと笑った。

――あっ、たしかにそうだ……。

私は口をへの字にしたまま黙り込んだ。


黒岩さんの葬儀は地元の西宮で行われた。

大勢の参列者の中に、夜の女たちの顔が見えた。顔見知りも何人かいた。その中に〝クラブ数寄屋橋〟のシズカママの姿があった。東京からわざわざ見えたのか、と感心した。東京で一番の贔屓の店であったから、さぞ辛いのだろうと思った。

黒岩さんが亡くなってから、一人でちょくちょく〝クラブ数寄屋橋〟に顔を出すようになった。

店に入ると、黒岩さんがいつも座っていた左手の隅の席を何とはなしに見てしまう。客が座っていることもあるが、たいがいはその席は空いている。こちらの思いもあってか、何やら妙な空気感がそこにはある。ママも同じことを口にしていた。それほど存在感が大きかった人なのだろう。

今でも時折、銀座に入るが、以前ほどは無茶をしなくなった。銀座に出かける作家が少なくなったせいもあるが、やはりこちらの遊びの構えがちいさくなってしまったからだろう。これではいけない。

上京する度に、最期まで銀座に出ていた黒岩さんのことを考えると、しっかりしなくてはと思う。よく仕事をして、よく遊ぶ作家のお手本を見てきたのだから……。

高樹のぶ子

■

たかぎ・のぶこ

作家。1946年4月9日山口県生まれ。東京女子大学短期大学部卒業。日本文芸家協会会員、日本ペンクラブ会員、芥川賞選考委員。主な作品は『光抱く友よ』（芥川賞）、『波光きらめく果て』、『星空に帆をあげて』、『サザンスコール』、『蔦燃（つたもえ）』（島清恋愛文学賞）、『透光の樹』（谷崎潤一郎賞）など。

大きな目

数寄屋橋は、いつ行っても賑やかでした。お客の声とママの歓声とが、熱気となって渦巻いていました。

気取った高級なイメージが銀座にあるとするなら、数寄屋橋はちょっと違う。

それに、数寄屋橋のママほど大きい目の女性を、私は生まれてからこのかた、見たことがない。ふつうの女性の三倍はありますね。一度会ったら決して忘れられない。

……三十六年間ですか。

私が生まれる前からですね。

（余計な計算しないで下さい）

ひと区切りして、再出発なさるとか。

ママの大きい目に期待しています。

牧野 圭一

KEIICHI MAKINO

漫画家

藤田宜永

■

ふじた・よしなが

作家。1950年4月12日福井県生まれ。早稲田大学文学部中退。日本文芸家協会会員、日本ペンクラブ会員、日本推理作家協会会員、冒険作家クラブ会員。主な作品は『鋼鉄の騎士』（日本推理作家協会賞）、『愛の領分』（直木賞）、『キッドナップ』、『左腕の猫』、『愛さずにはいられない』、『恋しい女』など。

ひそひそ話

文壇の大先輩たちが、新人、中堅の頃から、「数寄屋橋」は存在した。異業種のお客も通っているから、文壇バーと言っていいのかどうか分からないけれど、僕にとっては、文壇の人たちが憩う酒場である。

かれこれ十五年ほど前のことだ。或る文壇のパーティーに出席し、その後、編集者たちと一緒に「数寄屋橋」に行った。

ホステスさんが僕に訊いた。「どちらにお住まいですか?」。

「広尾。正確に言うと天現寺だよ」

「まあ、うちのチーママと同じ」

「へーえ。どの人?」

「呼びますね」

現れた女性を見て、つい頬がゆるんでしまった。だが、彼女は凍り付いたようだった。

まるで、僕が彼女のストーカーで、店まで押しかけてきたみたいな雰囲気である。確かにストーカーよろしく、ほんの一部だけだが、僕は彼女の私生活を知っていたのだ。

その日の夕刻、タクシーを拾おうと表に出た僕の前に、幸子さんは立っていた。苛々している様子だった。ただ、なかなか空車は来ない。ホステスさんだということは何となく察しがついた。

同伴に間に合わないのかな……なんてこっちは勝手な想像を巡らしていた。

その彼女が、僕の目の前に現れたのだ。

「タクシー、なかなか来なかったね」。僕が言った。

「そうなの。急いでたから困っちゃって」。幸子さんに笑顔は戻ったが、まだどことなく落ち着かない様子である。

実は、僕と幸子さんは同じマンションの住人。しかも、幸子さんは僕の部屋の真上に住んでいたのである。

カミさんと夜通し、酒を飲んでいると、上階のドアが開く音がする。

「ホステスさんのお帰りだな」なんて僕は軽口を飛ばしていた。

幸子さんが硬直するのも当たり前である。客と同じマンションに住んでいるなんて、華やかさを売り物にしている女性にとって、これほど嫌なものはないだろう。

何となく申し訳ないような気がして、彼女に謝った記憶がある。

幸子さんにとって運が良かったのは、そのとき、軽井沢移住がすでに決まっていたことだ。

「後半年ぐらいで出てゆくから、ご安心を」

「滅相もない。そんな……」。そう答えた幸子さんだったが、心なしかほっとした顔をしていた。

その話を「数寄屋橋」で北方謙三さんに披露した。

「そうかあ。じゃ、俺のマセラティが、深夜、お前のマンションの前に停まってるってことだな。ご内聞にな」

座がどっと沸いた。

後で知ったのだが、当時、ママは大沢在昌さんと同じマンションに住んでいたという。

ママが、そのことを嫌がっていたかどうかは知らない。百戦錬磨のママのことだから、懐に客をひとり抱えている、同じ建物に客を軟禁している、ぐらいの気持ちだったのではなかろうか。マンションの入口なんぞで、大沢さんにばったりと出くわしたママの姿が容易に想像できる。「今夜はどう?」なんて、目をパチパチさせながら営業していたに違いない。

幸子さんとは、そんな縁で親しくなった。

「ちょっと聞きたいんだけど、結露が激しいの。管理会社に言った方がいいよね」

「南側の窓でしょう。僕のところもそうだった。手続きが面倒だけど、話せばちゃんとやってくれるよ」

店内でのこそこそ話。しかも、何となく所帯じみた会話である。知らない人が聞いたら、まるで一緒に暮らしていた関係だと誤解したに違いない。

そういう誤解は大変結構だが、その後、幸子さんも引っ越したらしい。ああいうひそひそ話が、もうできなくなってしまったのは、実に残念なことだ。

ひそひそ話といえば、パーティー会場では、ママによく耳打ちされた。

「今日、よろしくね。みんな誘ってうちに来て。ね、頼みますよ」

まるでマネージャーに店を任せて、先に帰るママみたいな口調である。

僕がサービス精神に富んだ男で、おまけに気が弱く、さして行くところもないだろう、とママに見抜かれてしまったのだ。

律儀な僕は〝悪魔の囁き〟に負けて、一時はよく顔を出した。

「物書きを廃業せざるをえなくなったら、客引きで雇って」

冗談で言ったのだが、「藤田さんなら、やれるかも」と真面目に答えられて、また腑抜けのように笑うしかなかった。

そんなこんな、思い出が一杯詰まった「数寄屋橋」があの場所から消える。すこぶる寂しいことである。

ママにひとつ提案があります。今度、ひそひそ話をする時は、新しい店をオープンする前にして下さい。

夕方、並木通り辺りをパトロールして、「数寄屋橋」に向く女の子をスカウトしてきますから。

水島 新司
漫画家
SHINJI MIZUSHIMA

神崎　京介

■

かんざき・きょうすけ

作家。1959年静岡県生まれ。広告代理店勤務を経て出版業界へ。主な作品は『無垢の狂気を喚び起こせ』、『0と1の叫び』、『水の屍』、『ピュア』、『ハッピー』、『女薫の旅』シリーズなど。

数寄屋橋の秘密

銀座に飲みに出かけた時は必ず、クラブ数寄屋橋に立ち寄ることにしている。自分に課せられた使命と思い、静香ママに会いに行くのだけれど、これを物好きと思う編集者もいるし、どうして自らにそんな過酷なことを課すのかと驚く編集者もいる。

物好きなことは認めるし、過酷なことがあるとついつい立ち向かってしまうタチでもある。しかも、かなりの年上好きでもあるからだ。

さらに本心を言うと、静香ママのことが大好きだからだ。それが数寄屋橋に通う直接的な理由なのだけれど、もうひとつどうしても付け加えておきたいことがある。

文壇バー数寄屋橋に対する敬意があるからだ。

先輩作家が創ってきた文壇バーという銀座ならではの文化に対する敬意である。

それを廃れさせないことが、作家のはしくれの自分にとっての義務だと考えたりもしている。だから、たとえ編集者連れでなくても、二十分三十分しか居られないとわかっていても、数寄屋橋に向かうのだ。

晴海通りから数寄屋橋通りに入る。クラブ数寄屋橋という明かりの点いた看板の前を通り過ぎると、右に折れて路地側の階段を下りる。帰るときは数寄屋橋通り側の階段を上がる。それは自分にとっての儀式だ。

けっして、どちらか一方の階段だけを使って店の出入りはしない。京介さん、そうすることが作家としての出世につながるのよ、と静香ママに耳打ちされたからだ。

今でもわたしはママの言葉を信じている。店の移転とともにその儀式ができなくなるのは寂しいけれど、静香ママはきっと、新しい何かを教えてくれるだろう。

もうひとつ、静香ママに教えてもらったことがある。ママが二十代前半の頃のことらしいから、とにかく、ずいぶんと昔の話だ。

ブルーフィルムの映写会を催したという。今で言うなら、アダルトビデオだ。夜な夜ななのか、それとも一度きりなのか知らないけれど、著名な作家数人と（残念ながらお名前は失念してしまった）ママとで、生唾呑みながら鑑賞会を催したというのだ。

ブルーフィルム。わたしはその名のついた映像を観たことはないけれど、今観たらきっと、大したことないと感じるに違いない。しかし内容はどうあれ、言葉の響きを考えてみると、アダルトビデオや裏ビデオよりも、ブルーフィルムのほうが圧倒的にいかがわしい。きっと映像そのものもぼやけていただろうし、照明も暗かっただろう。それが逆に効果をもたらし、淫らで妖しい想像力を呼び起こしてくれたはずだ。

静香ママの言によると、その時が初めてのブルーフィルム体験だったようだ。

男女の絡みを初めて観たママは、緊張しながらも躯をじわりと火照らせたらしい。ママにもそんな時代があったのね、と驚いたのだけれど、その後のママの言葉に、わたしはのけ反り、それまでの驚きなどすっかり忘れてママを見つめ、聞き間違えかもしれないのでもう一度、言ってくれますか、とうわ言のように声をあげてしまった。

京介さん、よく聞いてね、わたしね、男女の絡みよりも、その後の映像のほうに興奮しちゃったのよ、それはね、馬同士があれしているところだったの、わたし、ソファから立ち上がれなくなるくらいに興奮しちゃったの……。言い終わったところで、ママが微かに湿った吐息をついたのを、わたしは見逃さなかった。

よくよく聞いてみると、馬同士の絡みに興奮したのではなくて、馬の猛り立った逸物にポッとなってしまったらしい。ブルーフィルムにそんな映像が入っていたことに驚くけれど、そんなことより、ママが男女の絡みよりも馬のアレのほうに興奮したということへの驚きのほうが勝っていた。

店に入って左側の壁、数寄屋橋祭りのステージの反対側の壁を見るたびに、ママが明かしてくれた馬好きのこと、正確には、馬のアレ好きのことを思い出していたが、そんな素敵な話も店の移転とともに過去の記憶になるのだろう。

新しい店でも、いかがわしくて淫らな何かが起こるに違いない。わたしはそれを期待しつつ、大好きなママに会いに行く……。

椎名 誠

■

しいな・まこと

作家。1944年6月14日東京都生まれ。東京写真大学中退。『本の雑誌』編集長。主な作品は『さらば国分寺書店のオババ』、『わしらは怪しい探検隊』、『犬の系譜』（吉川英治文学新人賞）、『白い手』、『アド・バード』（日本SF大賞）、『メコン・黄金水道をいく』など。

ヨッパライの希望の星

銀座のあやしくも優しい穴ぐらの中の
ヨッパライのたまり場が消えてしまうのは
悲しいことです。

銀座で落ち込んだら
数寄屋橋に行けば何とかなるという
希望の星を消してはいけない。
新しくなっても希望の星で輝き続けるだろう。

ちば てつや

漫画家

TETSUYA CHIBA

南原幹雄

■

なんばら・みきお

作家。1938年3月23日東京都生まれ。60年早稲田大学政治経済学部卒業。日本文芸家協会会員、日本ペンクラブ会員。主な作品は『女絵地獄』（小説現代新人賞）、『闇と影の百年戦争』（吉川英治文学新人賞）、『銭五の海』（日本文芸大賞）、『御三家の犬たち』、『謀将直江兼続』、『天皇家の忍者』など。

ぼくの数寄屋橋

　ぼくがはじめて数寄屋橋をおとずれたのは、昭和四十八年の秋だった。小説現代新人賞を受賞したその夜のことであるから忘れるはずがない。帝国ホテルの一室で選者、『小説現代』編集部スタッフ、担当重役のあつまる中で内輪の授賞式がおこなわれ、二次会にくりだしたのである。一軒めはエスポワール。そして二軒めに行ったのが数寄屋橋である。

　その日、ぼくはサラリーマンをやめて小説家になる決意をし、興奮と喜びに胸をふくらませていた。当時三十五歳である。自分の人生がおおきく様変わりするような予感と不安の中で足を踏み入れた数寄屋橋は文字どおりこの世の別世界であった。超有名な選者の作家たち、気鋭の編集者たちに同行し、夢ごこちの中にいるぼくのまわりには数寄屋橋のママがいて、綺羅星のごとく美女たちが居ならび、全盛時代の文壇バー独得の雰囲気をつくっていた。この日のことをぼくはずっと忘れていない。

その後、会社をやめて何とか小説で暮らしをたてていけるようになったが、自分の甲斐性だけではなかなか銀座のバー、クラブに出入りするのはままならず、時たま編集者につれて行ってもらうだけであったが、数寄屋橋の静香ママに会うだけなら、ことは案外容易であった。文学賞のパーティーに顔をだせば、そこにはかならず一際目立つママの粋な着物姿を見ることができた。帯を胸高にきっちりと締め、独得の形にむすんだママの夢二ふうの艶姿はどんな文学賞のパーティーでも群花を圧する華やかさで、文字どおり会場の大輪の花である。パーティーにとってママは欠かすことのできない一つの風景なのであった。

ぼく個人のことで言えば、『吉川英治文学新人賞の受賞を祝う会』というのを集英社や尾崎秀樹さんが東京會舘でひらいてくれたとき、ママが何人かの女性をつれて会場にきてくれた。そのときもママの水際だった立ち居振る舞いや姿がうちの家内の印象につよくのこったとみえ、その後何年たっても、銀座と言えばすぐに数寄屋橋のママの姿を想像するようになったのである。ぼくにとっても、家内にとっても、ママは銀座を代表するシンボルとして印象にのこっている。

はじめて行った日からかぞえると、今年で三十一年。ぼくも多くの編集者たちとともにかぞえきれぬほど数寄屋橋へ行って、たのしい時間をすごさせてもらった。それだけでなく、数寄屋橋を舞台にして、多くの未知の人たちとの出会いがあった。数寄屋橋は政治家、財界人、芸能人がよく顔を見せる店としても有名であるが、ひょんな遇然で思わぬ人物と挨拶をかわしたこともあれば、その後親しくなって交際をつづけるようになった人もいる。

いちばん驚いたのは、もうずっと以前のこと、ある社の編集者につれられて数寄屋橋に行って超大御所作家と背中合わせの席にすわってしまった。それは丹羽文雄さんで、学芸通信社の川合澄男社長と同行しておられたのだ。川合社長がすぐに紹介してくれたのだが、超文豪と背中合わせにすわった約二時間はとんだ緊張ものの苦行の時間であった。水割りの味もよく味わえなかった。

それと思い出にのこるのは、今から二十年以上も前、数寄屋橋でときどき見かけるお客さんがいた。はじめぼくは横綱北ノ富士だと思っていた。それほど北ノ富士によく似た男前である。ところがそれは当時の書店組合の会長の品川一郎さんで、ぼくの小説をよく読んでいるとママにおしえられていた。その後偶然居合わせた品川さんにママから紹介された。品川さんは当時のぼくの新刊『付き馬屋おえん』を、

「あれは面白いよ。着想が抜群だ。売れるといいね」

と言ってくれた。それから一年後、同作品は山本陽子、山城新伍のコンビでテレビ化され、四クールつづき、明治座、南座で舞台化され、同座のレギュラー演目となった。品川さん、有り難う。

品川さんはその後福井市の品川書店をやめてしまい、ほとんど上京することがなくなり、数寄屋橋で会うこともなくなった。けれどもぼくとの付き合いはつづいている。八年前には、大谷刑部を主人公にした作品の取材で敦賀市や越前一乗谷などを二日間まるまる案内してくれた。そして今でもお盆にはウニ、歳暮には小鯛の笹漬けという越前の名産をおくってくれる。これらの品を賞味するとき、かならずママの顔を思い出す。ママ、有り難う。

もう一つ、番外として披露するのは、「羊シャブシャブパーティー」のことである。これは歴史物出版社のS社社長と同社編集者とぼくともう一人、それにママのほか女性約三人の計八人ほどでほぼ毎年一回、神田の中華料理屋「龍水楼」でラムのシャブシャブを大テーブルをかこんで食べるという会である。グルメのS社社長が見つけてきた店の料理で、社長が数寄屋橋でその話をしたとき、すぐにママがパーティーをつくって食べに行こうと言いだしたのがきっかけで年中行事化した。ママの食い気と営業政策がマッチして、ずっとつづいているものである。これはごく上質のラム肉を大鍋の湯にとおして、十種類の香辛料を自分の好みで調合して食べる同店の特別料理である。十種の香辛料のうち半分くらいはニンニクの薬味であるから、とけ合ってとても食欲のすすむ料理となる。はじめはニンニクの臭いの強さにおっかなびっくりだった女性たちも、一口食べてやみつきとなり、以後はみんなで食べれば恐くないの勢いで、ニンニク山盛りのタレにつけて食べまくるのである。食べた後お店にでかけるのであるから、当然店の中は大変だ。ニンニクまみれの客と女性が店内に七八人かたまるのであるから、居合わせたお客たちこそいい迷惑である。ママをふくめて一行はみな自分では臭うはずもないので、遠慮会釈なく店内に臭気をただよわす。銀座屈指の名物ママのヤンチャぶりをしのばす行事であるが、一年一度であるから許してもらえるのであろうか。それともママの人徳か。

成瀬 数富　画家
KAZUTOMI NARUSE

東郷 隆

■

とうごう・りゅう

軍事評論家、作家。1951年12月16日神奈川県生まれ。國學院大学卒業。日本文芸家協会会員。『コンバット・マガジン』編集者などを経て著作活動に。主な作品は『大砲松』(吉川英治文学新人賞)、『人造記』、『狙うて候』(新田次郎文学賞)など。

歩く熊本城

もう八年ほども前のことになるでしょうか。初めて肥後の国を旅しました。宇土や八代のあたりを徘徊し、夕方に熊本市内へ帰ってくると猛烈に腹が空いてきました。

「熊本ならやっぱり馬肉でしょう。森高千里もそう唄ってます」

と連れの編集者が言います。それではと町に出て、花畑町の銀杏通りというあたりをうろうろし、とあるビルの一階に迷い込みました。もうもうたる煙に釣られて暖簾を潜ったところ、突如剣突く立った声が聞こえてきました。見ると、カウンターの中からいかにも強情そうな白髪の親父が、若い客に意見をしている真っ最中です。

いや、これは困った店に入っちゃったな、と後悔したが後の祭り。私はMっ気が無い方なので、客を客とも思わぬいわゆる「頑固な亭主のいる店」というのが大嫌いなのです。しかし、一旦椅子に腰を降ろしてしまったので逃げるのも格好悪い。渋々壁に掛かったメニューなんぞをのんびり眺めていると、その態度がすでにカンにさわったのでしょう。くだんの親父が、どこの者かと喧嘩口調で問うてきます。東京と答えると、いかにもこちらを見下したような口振りで、

「熊本みたいな地方の者に、東京だと言えば恐れ入ると思っているようだが、お前らのツラを見ればチバかイバラキの田舎者と察しがつく。俺は東京が長いんだ。騙すんじゃないぞ」

と、北関東の人間が耳にすれば気を悪くするであろう言葉を平然と口にします。聞けば、この親父は以前出版関係の仕事をしていて、地元では少々うるさ方であるとのことでした。

そーら来やがったぞ、と身構えた私を見て何やら危いと感じたのでしょう。連れの編集さんが、

「いやあ、熊本人は聞きしにまさる威勢の良さですねえ。ポンポンと啖呵《たんか》を切るあ

たり、火の国の人だ。やっぱりスキヤバシのママを生んだ土地だけのことはありますねえ」

と桜川ピン助ばりの幇間《たいこ》口調で、場を和らげようとしました。すると急に親父の顔色が変わり、

「スキヤバシというと、あれかい、銀座の数寄屋橋かい?」

と問います。そうだ、と編集サンがうなずけば、

「コリドー街の一本向こう側で、地下に降りたところにある静香さんの店だろう。俺も二度ばかり○○先生に連れていってもらったが、何だな、あれは本当にたいした女性だってなあ」

カウンターから身を乗り出してきました。それからは園田静香さんに関するウンチク合戦です。若い頃は博多で知られた人だとか、店のカウンターに超大物政治家を座らせせっぱなしにしたとか、彼女の踊りの手並みについて等々、店にいた他のお客が呆然として見守る中、丁々発止。ついに編集者が私を指差して、

「この人は、ねえ。静香姐さんのことを『歩く熊本城』なんて、本人の前で失礼な

ことを言うような仲なんですよ」

と話すに至って親父は手を打ち、

「それは言い得て妙だ。なるほど、あなた方は本当にトーキョーの人だよ」

お前らがあなた方に変わり、我々の待遇ががらりと変わりました。馬の首筋の脂肪分「タテガミ」と焼酎までゴチになって、しばし後良い気分で店を出ました。帰り道に編集者が、

「一時はどうなるかと思いましたが、ディベートで勝つというのはこういうことなのですね。『歩く熊本城』と言った瞬間の、あの主人の顔といったら……」

大笑いし始めました。熊本城云々というのは、まあ、今では御存知の方もおられるでしょうが、作家のY氏と私が十年ほど前、静香姐さんにつけた渾名でありました。

ある晩、二人してお店に行くと姐さんが白っぽいお召物をまとっていなさる。よく見ると、裾のあたり墨一色で熊本城の本丸が描かれているではないですか。

「ありゃあ、まるで石垣が動いているみたいだ」

とY氏が言います。着物の柄がそこまでキャラクターに被っているというのもまた珍しいことです。私も調子にのって、

「すると、上半身が天守閣ですな。ああ、髪型なんかも、そう言われてみるとお城の屋根っぽいや」

などと言いたい放題、ついに渾名が決まったというわけなのです。

思えば静香姐さんとは、私が三十代初めの頃からのおつき合いで、そんな風にお店では我が儘勝手に振る舞わせて貰っていました。まだ物書きにもならず、海の者とも山の者ともつかぬ若僧に編集者を引き合わせてくれたり、連続して賞に落ちた時は気を遣ってくれたり、またある出版社の謀計で祇園のさる女性とのスキャンダルを仕込まれかかった折は、ずいぶん心配もしていただきました。辛うじて身を固めることが出来た今も、姐さんにはまったく頭が上がりません。

と、ここまで書いて、私の母方の一族で西南の役に参加した児玉なにがしという人のことを急に思い出しました。彼は桐野利秋が東征の際、

「熊本城などは、このイラサ棒一本でひと叩きごわす」

と言った言葉に発憤し攻撃軍に参加しましたが、ついに城を抜けず植木というところで戦死しました。なるほどそういう家系伝承を持つ奴ですから、姐さんに勝てるわけがない。近頃は動く城というと宮崎駿の「ハウル」だそうですが、私にとってはいつまでもそれは肥後の銀杏城と園田静香さんなのであります。

広山義慶

■

ひろやま・よしのり

作家。1937年1月30日大阪府生まれ。早稲田大学文学部中退。日本文芸家協会会員、日本推理作家協会会員。主な作品は『夏回帰線』、『波の殺意』、『平家物語殺人事件』、『上諏訪殺人ルート』、『女喰い』、『黒の闘魂』、『密楽の罠』、『黒の謀殺』、『花盛りのとき』など。

銀座の魔窟

物書きになって初めて編集者に連れて行かれたのが銀座の数寄屋橋だった。初モノというのは、女であれお店であれ、実に鮮明に覚えているものだ。初めての女はもう半世紀近くも昔のことなのに、今も顔立ちや身体つき、それに何を話したかなど、くだらないことが詳細に記憶に残っている。

むろん数寄屋橋の記憶もはっきりと脳裏に焼きついている。あの狭い地下室の薄暗い空間に濃密な空気が充満し、その下に客が肩を触れ合うようにして押し込まれ、さんざめいていた。その中には、文壇の大御所といわれる人や、今が盛りの流行作家、評論家、テレビでおなじみのジャーナリストなど、雑誌のグラビアかテレビでしか見たことのない生顔があった。

店の奥の隙間に無理矢理押し込まれたぼくは、目の前に現れたホステスや隣に座った編集者の話などそっちのけで、物書きの先輩たちを観察した。というより目が引き付けられた。学生時代夢中で読んだ小説の憧れの作者が、目と鼻の先でホステスの手を握り締めてもう一方の手がむき出しになった彼女の膝小僧を撫でている。かと思うと、左の隅では有名な漫画家が、ズボンのファスナーを下げてホステスに一物を拝ませようとしている。その隣では官能小説の第一人者が、真面目な顔をして若い編集者らしい青年と話をしている。

ぼくは嬉しくなった。酒が飲めて綺麗なおねえちゃんと馬鹿話ができるからというより、物書きや漫画家や評論家の息抜きの姿が生で見られることに、興味と興奮を覚えたのだ。

このときの印象がぼくの夜の生活の形態を決めた。暇さえあればあの地下室へ通い、あすこから出たチィママの店へ通いつめた。

むろん駆け出しの裏街道の物書きには、遊ぶ暇はあっても払う金などない。どういう訳かつけが利いて、出世払いでいいと言われ、これ幸いと通いに通い、気がついた時にはとんでもないつけが溜まっていた。良くぞ此処まで飲ませてくれたものだと、驚くようなつけだったが、しかしそうやって数寄屋橋で遊んだものが、ぼくをいくらかでも育ててくれたことも確かだ。

ぼくの書きたいものは昔も今も「男と女」の唯一点。それもどろどろでぐちゃぐちゃな男と女。そんなものは気取った男や澄ました女の溜まり場の呑み屋にはない。それが数寄屋橋にはいくらもいた。そういう男や女の話も集まってきた。男に騙されて気が狂いそうになったなどと聞くと、嬉しくて身震いしたものだ。男と寝るのはお金のため——それが女の正道と信じて疑わない女の話などは、どれだけぼくを興奮させてくれたかしれない。ぼくにとっては数寄屋橋は唯の呑み屋ではなく、美辞麗句を並べ立てて言えば、またとない学び舎《や》であったかもしれない。

その学び舎へも足が遠のいてしまっている。学ぶべきものが無くなっているわけではない。糖尿病に酒が悪いからでもない。もっともお店の人にはそう言ってあるが、それは公的な口実に過ぎない。魅力的な、或いは怖いような、こちらがギョッとするような個性的な客の姿が見当たらなくなったせいである。刺激的なホステスさんも少なくなった。若い世代は酒も飲まないし煙草も吸わないし女とも遊ばない。

こんなことでいいわけがない。もう一度、あの魔窟のような数寄屋橋へ潜り込んでみたい。

今思えば、数寄屋橋は地下室だからよかったのかもしれない。あれが二階や三階の普通の店だったら、魔窟の雰囲気は出ないであろう。路地から入るあの細い階段から既に魔窟の怪しさは始まっていた。それに天井の低いあの狭さ。

新しい数寄屋橋がどうか地下室でありますように。そしてそこに似合った客がたくさん集まりますように。

頼みますよ!　ママ。

海老沢 泰久

■

えびさわ・やすひさ

作家。1950年1月22日茨城県生まれ。國學院大学卒業。日本文芸家協会会員。主な作品は『乱』（小説新潮新人賞）、『F1 地上の夢』（新田次郎文学賞）、『帰郷』（直木賞）、『これならわかる パソコンが動く』（日本のマニュアル大賞）、『空を飛んだオッチ』など。

居心地のいい場所

ぼくが最初に数寄屋橋に行ったのはもう二十六、七年も前だ。その間、間遠になった時期もあるが、思い出せば、つきあいは長い。

最初の印象は、駅の待合室みたいだなというものだった。地下の四角い部屋に、何の変哲もないテーブルとビニール張りの椅子がならんでいるだけの、何とも殺風景な店だったからである。そしてそれは最後まで変わらなかった。

女の子たちも長くはたらく子が多く、総じて変化がすくなかった。ぼくが最初に行ったころにいた女の子の何人かはまだいて、元気にはたらいている。つまり、彼女たちは、ぼくもそうだが、店に長年通ってきている客たちと同じ年をとってきたのである。

これはこれで楽しい。若い女の子をからかうのも楽しいが、彼女たちとは昔話ができない。しかし、一緒に年をとってきた女の子たちとはできるのである。若い女の子をからかうには力がいるが、彼女たちと昔こんなことがあった、あんなことがあったという話をするには力も何もいらない。

話をしながら眠ってしまってもいい。じっさい、ぼくはよく眠ってしまうのだが、女の子たちも心得たもので、うるさいことをいわずに放っておいてくれる。

金ピカの内装と、スピッツのようにうるさい若い女の子ばかりを集めた店ではそうはいかないだろう。その中で客に脳天気に眠られていては、店の雰囲気がこわれてしまうにちがいないからだ。しかし、駅の待合室みたいな店では、ぼくのような客でも何とか居場所があるのである。

そういうことというのは気持ちのいいことなのではあるまいか。何がなくとも、気持ちがいいのが一番だ。

新しい店も、これまでどおりの店になることを願う。

村松友視

■

むらまつ・ともみ

作家。1940年4月10日静岡県生まれ。63年慶應義塾大学文学部卒業。日本文芸家協会会員。主な作品は『時代屋の女房』（直木賞）、『鎌倉のおばさん』（泉鏡花文学賞）、『上海ララバイ』、『夢の始末書』、『アブサン物語』、『俵屋の不思議』、『贋日記』、『永仁の壺』など。

もうひとつの「数寄屋橋」ありき

最初は、誰に連れて行かれたのだったか、そのあたりの記憶がぼやけている。何しろ、私が中央公論社で新しく発行された文芸誌『海』編集部へ配属された頃であり、今から三十五年くらい前だから、私は二十九歳ということになる。それまでにもエスポワール、眉、ゴードン、葡萄屋、ラ・モールなどの〝文壇バー〟へ会社の先輩に連れて行かれたが、新進の「数寄屋橋」は他の店とはあきらかにちがう雰囲気だった。夢を見るような、洒落て華やかな、うっとりとする空間ではなく、きわめて庶民的であたたかい空気が店全体にただよっていたのだ。架空の世界といった他の店にくらべて、いかにも地に足をつけた感じだった。若い私にも通いやすい店だな、と思った。敷居の高そうな他の〝文壇バー〟とは、まったく別な貌《かお》の店だったのである。

壁、テーブル、ソファなどのすべてが、人を威圧する豪華さ、高級さを伝えてこない。照明もいいかげんで、テーブルの上に置かれた紙ナプキンの入ったステンレスの器が、上野駅地下街の食堂の趣味を思わせ、客の目を引きつけた。カレーライス屋によくこういうのが置いてあるな……と二十九歳の私は妙に馴染むものを感じたものだった。

全体がフィクションと程遠い現実感をあらわしている中で、ひとつだけ際立ってフィクショナルで、架空の人物みたいな存在があり、それがマダム静香だった。西洋人形が和服をまとったイメージで、何しろ大きい目と睫毛が人の目をとらえた。近づいてこちらの目を覗き込んで喋る癖があるが、そのとき睫毛の上下動に気をとられ、マダム静香の言葉が耳を通り抜けることが多かった。のちになって気取りのない、気さくな人と分かったが、その頃の私はやはり怖けづいていたにちがいない。

そんな中に、店の雰囲気から浮いているひとりの女性がいた。年齢的にもひときわ若かったが、銀座のクラブに似合わないような、スナックでもやったら流行りそうな、そんなタイプだった。私はその女性を気に入って、しばらくは彼女を目当てに「数寄屋橋」へ通ったものだった。同伴出勤をして、そのあと店へ行けばずっと彼女が席についていていた。賑わう店内で、そこだけが場末のスナックみたいな色に染まっていたにちがいない。で、私と彼女に男と女としての何かがあったかといえば何もなく、お互い仕事の話などを妙に生真面目にしていただけだった。今から思えば、不思議な仲だった。マダム静香は、そんな私たちの仲を知ってか知らずか、私が店へ行くとかならず彼女を席につけてくれたのだった。

彼女はやがて店を辞め、四谷三丁目に小さい店を出したが、私はその店へも通った。その店は、彼女のスポンサーがうしろ立てになって出すことができたのだろうか、それとも貯金をためたあげく……などと私はあれこれ考えたものだった。ママとしてそこにいる彼女は「数寄屋橋」にいるときと同じように、店から浮いた感じだった。私は、それにまたそそられて通った。「店から浮いている女性」に惹かれる私の癖は彼女から始まって現在も消えていないのである。

やがて、彼女が結婚したという噂をどこかで耳にしたようなしないような……私の彼女への追っかけがごく自然に途絶えた。自分自身の仕事の影響か、別な恋愛のためか、そのあたりも定かではない。それでも、私の「数寄屋橋」通いは続いていた。

そして、次に私と「数寄屋橋」のあいだに浮上してきたのが、支払いというテーマだった。実は私、「数寄屋橋」ばかりでなく、あと何店かのクラブで同様の立場にいた。あまり足繁く通うものだから、上司が出金伝票に判を押し切れなくなり、どうしようもない部分を年に二度のボーナス期に払うというスタイルでこなしていたのだ。しかも、全部ではなく何分の一かをそれぞれの店に払い、借金はまた次に加算されてゆくことのくり返し、これでは借金はかさむ一方、出口のない迷路に入り込みかねぬコースなのだ。

しかし、私としては自分の遊びで行くのではなく、仕事のためという気持ちが強くあった。とくに、銀座のクラブという世界に馴染み薄そうな作家をさそうことが多かった。「数寄屋橋」には、後藤明生さんとはよく行ったものだった。だが、同じ作家と何度も行けば、やはり伝票は通りにくくなり、通りやすい作家の名を借りて伝票を出したりもした。そのためには伝票の通りやすい作家の担当もこなす必要があるというわけで、店の支払いが仕事に影響してゆく傾向も生じた。

そんなある日、マダム静香から手紙が届いた。自作の絵が賞に選ばれ、上野の都立美術館に展示されたことを知らせる内容だった。マダム静香が園田静香の名で小説雑誌の挿画を描いていることは知っていたが、私が所属する文芸誌である『海』は、小説雑誌のような挿画が入らないページ組みだったから、挿画家・園田静香が登場したことはなかった。

この手紙は、私と当時の編集長のところに届いたのだったが、つまりは二人が「数寄屋橋」の常連だったのだ。編集長は、周囲を見わたして、私を喫茶店にさそい、今度の日曜日に花束を持って上野の美術館へ行こうと言った。もちろん、マダム静香の心証をよくする目的だった。以心伝心、私はすぐに大きくうなずいたものだった。日曜日に編集長と待ち合わせ、花束をかかえ胡散《うさん》くさい物腰で都立美術館へ行ってみると、休みを返上した幹部クラスのホステスさんが、すぐに編集長と私に気づき、丁重に園田静香の作品の前へと案内してくれた。あら、気を遣わせちゃって……マダム静香は、本当にうれしそうな笑顔で私たちを迎え、例の睫毛を扇のごとく上下させていた。マダム静香の作品は、意外に大きく意外に繊細なタッチであったことをおぼろげに記憶しているが、何が描かれている絵だったか、今はすっかり忘れてしまった。何しろ、出向く動機が不純だったのである。

やがて私は結婚したが、仕事と銀座の関係は同じだった。結婚して最初のボーナスの日、カミさんを連れた私は、「数寄屋橋」のマネージャーと喫茶店「ヴィクトリア」で待ち合わせをした。そして、カミさんの目の前でボーナスの三分の一ほどをマネージャーに手渡した。カミさんに、編集者とはこういうものだと教える儀式みたいなもの、最初が肝腎というわけだった。そのあと三年くらいは、カミさんはそれをまともに信じていたが、そう長くつづくわけがなかった。

それからしばらくして、私は会社を辞めて物書きとなった。そうなると、銀座から足が遠のいた。〝作家のお供〟という立場で足繁く通ってはいたものの、自分が作家として足を向けるとなれば、やはり「数寄屋橋」とて敷居が高かった。担当していた作家に顔を合わせるケースはおろか、先輩の作家が向こうの席にいることを想像しても、そこがくつろぐ場所という気がとうていしなかったのだ。「数寄屋橋」

のマダム静香とは、文学賞のパーティの会場や、作家の葬儀くらいでしか会わなくなった。会えば、マダム静香は以前と同じように近すぎる距離まで近づき、睫毛を扇のように上下させて笑いかけたが、店へ行かぬ私への催促がましい言葉はまったく口にしなかった。

ところがある日、あるパーティで私に近づいて来たマダム静香が、めずらしく真面目な表情で、「もう、そろそろいいんじゃない?」と言った。「いいんじゃない?」の前には「うちの店へ来ても」という言葉が省かれていた。それは、先輩のような眼差しだった。いろいろ考えて足を向けないのは分かっていたけれど、そろそろそんなこだわりを消してもいいんじゃないかしら……そういう含みの言葉だった。それもそうだな、と思った。会社を辞めて物書きとなり、そろそろ七、八年はたっていた頃ではなかろうか。

そんなきっかけで、私はふたたび、ポツリ、ポツリ「数寄屋橋」へ足を向けるようになった。しかし、けっこう間があくことが多く、あるときはあるパーティであるときは泰明小学校の前でマダム静香に逮捕され、そのまま店までしょっぴかれたりもした。それでもまた間遠になっていったのは、銀座で飲む習慣が私から抜けているためだった。したがって、クラブ「数寄屋橋」恒例のお祭りの通知が届いたりすると、やはりギクリとしたものだった。たまに足を向けると店内の装飾や品々が初めて行った頃のテイストを保っており、私が追っかけをやっていたことを知っているベテランが何人か残っていることに感動した。原点を大事にするマダム静香の心根が、そんなところから伝わってくるようだった。それでもまた店へ行くのが間遠になってゆく……そんなことがこのところくり返されていた。

今年（二〇〇四年）の春の芥川賞・直木賞のパーティへ行ったとき、ちらちらと人混みの中から私をうかがっていたらしいマダム静香に、いきなりすっと腕をつかまれた。うしろめたさが、反射的に生じた。「そろそろいいんじゃない？」のときとは別のニュアンスながら、表情がやけに固かった。そして、店へ足を向けぬ言い訳を口走ろうとした私は、マダム静香に今回のことを知らされたのだった。

一瞬、「数寄屋橋」のさまざまな風景が目のうらに点滅した。私は遠望していたに過ぎない立場だが、この三十六年に「数寄屋橋」を彩った贅沢な客たち、そこで生まれた文化の数々、その時どきに良きパートナーとなった個性ある女性たち、裏方的な仕事をこなしてきた頼りになる男性たち、そしてその要となって陽気をつらぬいたマダム静香の気っ風……そんな歴史を思えば、この舞台からの撤退は寂しいけれど、色気のない時代が相手では勝ち目はなさそうだ。

西銀座の数寄屋橋跡の小公園に菊田一夫の「君の名は」にちなんだ「数寄屋橋此処にありき」という文字の刻まれた記念碑がある。外濠が埋め立てられ、そこにあった数寄屋橋がなくなったあと、たしかこの記念碑は建てられたはずだ。やがて私は、記念碑の前を通るとき、このあたりにもうひとつの数寄屋橋ありき、と呟くことになるのだろう。

赤塚 不二夫　　漫画家

FUJIO AKATSUKA

眉村 卓

■

まゆむら・たく

作家。1934年10月20日大阪府生まれ。57年大阪大学経済学部卒業。日本文芸家協会会員、日本ペンクラブ副会長、日本推理作家協会理事、大阪芸術大学教授。主な作品は『下級アイデアマン』、『ねらわれた学園』、『消滅の光輪』(泉鏡花文学賞)、『夕焼けの回転木馬』(日本文芸大賞)など。2001年大阪芸術賞受賞。

ある夜半の話

東京に出ると、何かと口実を設けて銀座のバーに行くようになっていた。当時は、もの書きなら銀座で飲んで一人前——と言われたりしたのだ。だから、行くとしても、いわゆる文壇バーが多かった。諸先輩を店でお見掛けしたら挨拶に行くのだが、それも自分が作家のはしくれにつながった気がして、うれしかったのである。

数寄屋橋という店名をよく聞くようになった。パーティなどでも、ママが何人かの女性を連れて游弋《ゆうよく》していたのだ。

そのうちに数寄屋橋のママが、顔を合わせると、来いと言うようになった。その頃私がよく行っていたのは、眉である。よくわからない店にためらいがあったから、はいはいと返事をするだけで、ずっと行かなかった。やがてママが誘わなくなったので、助かったと思っていたけれども、後で当人から聞いたところでは、今にみろ来させてやるからと意地になって、あえて声を掛けなかったのだそうである。

結局は、大分経ってから行くことになった。詳しくは覚えてないが、どうしてもお供しなければならぬ先輩作家が、数寄屋橋に行くと決めたからだ。

入って行った私に目を向けたママの、そのざまを見ろというような勝ち誇った表情は忘れられない。だが、その表情の中には姐御らしさと可愛らしさが同居していて……私は数寄屋橋にも通うことになったのである（少し書き過ぎか）。

店ではいろいろ見聞きもし体験もしたけれども、それらはさておき、私はある一件をここで書かずにはいられない。

ある晩。

私は生島治郎さんと数寄屋橋にいた。そろそろ帰らなければと腰を上げると、何だもう帰るのかとママににらまれた。

「いや、原稿がある。帰って書かなければならない」

と私たちは言った。

そんなせりふは、まあきまり文句みたいなものである。だが生島さんは本当にその予定だったのかもしれないし、私だって、ホテルで一眠りしたら書こう位の気持ちだった。

しかし。

出て少し歩くうちに、

「もう一軒、行こうか」

ということになった。

眉に入った。

だんだん調子が出て、ラストまで居てしまったのだ。深夜になった。

どこかで何か食おうかとなり、私たちは眉の女性二人を伴って、タクシーに乗った。行く先は、その頃おなじみになっていた六本木のシシリアである。

地下に降り、席について、あれやこれやと頼んだ。

と。

がやがやと声がして、階段を降りて来る足音が聞こえたのだ。

視野に入ってきたのは、数寄屋橋のママと女性たちの一連隊であった。ああ、十数名で一連隊はおかしいと言われそうだが、こっちの心境からすれば、そんな感じだったのである。

彼女たちは少し離れた向こうの大きいテーブルについた。すでに私たちに気がついていた。ママは不気味に微笑していた。

何とか言い訳をしなければならないだろうな、と私は焦っていた。原稿を書くからということであの時間に数寄屋橋を出たのである。それがこの深夜、他の店の女性とここでものを食っているのだ。生島さんと二組で、である。

すると、向こうの席から一人が立ち上がってこっちに来た。

ママではない。

若い女性がである。

彼女は私たちのところに来ると、深々とお辞儀をしてから、挨拶をした。

「今晩は。どうもご無沙汰しております」

いや。

そういう言葉だったかどうか、実は怪しい。よく聞いていなかったのだ。私たちはむにゃむにゃと口の中で何か言いながら、頭を下げた。私たちとは、生島さんと私だけではなく、眉の二人の女性も含めてである。同じような文壇バーだから、両店の女性はほぼ顔見知りであり、おまけに生島さんも私も、数寄屋橋を〝逃げ出して〟眉に来たのだ、などと喋っていたのだ。

来たのは、その女性だけではない。

その女性が元の席に戻ると、次が立ち上がってやって来た。

お辞儀をして、挨拶した。

そして、その次。

順番に、一人ずつ来るのであった。

途中から私たちは、これはママの指令によるものだと推察をつけていた。ママはこれをセレモニーに仕立て上げたに違いない。

おしまいに、とうとうママが来た。

お辞儀も挨拶も、一段とていねいであったが、口辺には悪魔的微笑が浮かんでいたのである。

右は、昔の話。

時はどんどん流れてゆく。

今般、数寄屋橋が今のビルに居られなくなったと聞いた。

どうなるのか、まだ知らない。

そうなると、高級ナイトクラブ（？）にしては内装はまるきりティールームだと言われる現在のお店が、いよいよいとしい。

ママは、ますます頑張らなければなるまい。これまでの、びっしりとある思い出のために、そして、これからの無限に生まれるであろう思い出のために、である。

藤本義一

■

ふじもと・ぎいち

作家、放送作家、テレビ司会者。1933年1月26日大阪府生まれ。大阪府立大学経済学部卒業。日本文芸家協会会員、日本ペンクラブ会員、日本演劇協会会員、日本放送作家協会関西支部長。主な作品は『つばくろの歌』(芸術祭文部大臣賞)、『マンハッタンブルース』、『生きいそぎの記』、『元禄流行作家―わが西鶴』、『鬼の詩』(直木賞)、『蛍の宿』(日本文芸大賞)など。98年大阪芸術賞受賞。

一人の客の独言

数寄屋、数寄屋橋。この店名が私にははじめからよくわからなかった。

われわれ物書きが〝数奇〟という熱語を用いる時は、運命のめぐり合わせが不遇なこと、不運だと思っていたからである。数は運命であり、奇は不遇というのが常識だったと信じていた。

だから、「数寄屋橋」という名のバーが銀座にあると聞いた三十五、六歳の頃は実に思いきった名のバーがあると思った。不吉を予想した人が経営しているものだと想像し、経営する人は一か八かの勝負に出る人だと勝手に考えていた。

三十代後半になって、直木賞候補に三度なった頃に、S出版社のM氏に銀座に誘われ、「数寄屋橋」に初めて足を運んだ。

大阪人の私には、酒場のコースが自然に組み込まれていた。ラジオ、テレビ、映画の脚本家になった場合、振り出しの飲み屋は大阪の新世界、ジャンジャン横丁という飲み屋街である。その後、収入が少しよくなるとナンバ界隈で飲む。一杯三十円のハイボールである。ここで数年過ごして、やっと北に向かう。北新地である。いや、飲める身分になったことになる。といっても北新地のバーには位《くらい》があり、一流で飲むには二、三年が必要だというのが常識だった。やっと北新地の一流バーで飲めた頃は物書き出発から十数年経っていた。といって、そこから銀座までは遠い。

北から南へと大阪のコースは変化する。北新地で飲む格を得た一部が、今度は法善寺横丁というミナミの店で飲むことになる。往年の大先輩である織田作之助氏の足跡をたどることになる。このコースは司馬遼太郎先輩とか黒岩重吾先輩、水上勉先輩がたどられた道順と同じである。暗黙の裡《うち》に物書きの出世コースは大阪ではこの流れに決まっていたともいえる。

そして、次の目的地は東京の銀座なのだ。一世代前の明治生まれの大先輩は、法善寺横丁から京都に向かい、先斗町《ぽんと》から祇園へというコースだったが、われわれの時代は作家は銀座を目指し、役者衆が京都コースとなった。

「『数寄屋橋』という店に行きませんか」

と誘われた時は、三十代後半で、直木賞候補に三度挙がっていた頃である。東京での編集者との打ち合わせが多くなり、月に二回は大阪から東京に出ていた。こちらとしては地方区から全国区になったと考えていた時で、深夜番組〝11PM〟の司会者として顔が知られていた。顔を知られるというのは厄介なもので、窃盗犯が強盗犯になって全国指名手配されるようなものだ。

だから、はじめて「数寄屋橋」に行った時は、実に屈折した心境になった。夕方打ち合わせをした出版社の編集者が別の作家と談笑しながら飲んでいる。目が合って〝ヨオッ〟と片手を挙げたら、向うは軽く頷いただけだった。文壇バーの厳しさみたいなものが感じられた。大阪では感じられなかったものだ。

大阪人の僻《ひが》みだとも考えたが、店内の作家を囲んだ出版社編集部の動静を見ていると、この出版社と作家との関係が読み取れた。

作家は芸者、編集者は旦那なのである。一度に複数の作家と会って口説き落とし、芸者の花代（印税）の九倍を取得するものだとわかった。

「いやァ、その構想は素晴らしいですね。是非連載してもらって当社から出版しましょう」

などという言葉がいやでも聞こえてくるわけで、新米のこっちにしてはなかなか酔いがまわってこない。

この新米作家、駆け出し作家の心境をママの園田静香さんは一体どのくらいわかっていたのだろうか。

が、一年も経たない裡に、がらりと考えが変わった。作家と編集者を、芸者と旦那の関係と考えるのが偏見だとわかった。

編集者諸氏は執拗な女衒であるとわかった。作家という女を売り捌く手筈を他の女衒と張り合っているのである。直木賞を受賞した後、はっきりこの関係がわかった。

もし「数寄屋橋」がなかったなら、文学界のこういう深部がわからなかったような気がする。この人間相互の関係、心理を理解させてくれたのが、「数寄屋橋」という名の店の培養基だったと思う。

こういうものを感じた頃に、店の中で二人の巨漢の狂ったような暴力を目にした。一人は梶原一騎氏、もう一人は中上健次氏だった。

「なんだ、この野郎！　聞いてりゃいい気になりやがって！」

梶原氏も中上氏も相手（編集者）の胸倉を掴んだものだ。店内はいずれも騒然となり、周囲はしーんとなった。ママも目を瞬いたまま事の成り行きを不安そうに見守っていたのを記憶している。

別々の日に起こった現象だが、実によく似た突発的事件だと思う。ホステスの二、三人が悲鳴を上げ、ママはこっちに逃げなさいと両手を懐の方に振っていた。

こっちは静かに談笑しながら飲んでいたのだが、この凄まじい闘争が起こった途端に、誰も中に入る者がいないから割って入った。

戦後焼跡闇市を体験しているこっちは、こういう酒が入った上の巨漢の憤りの心理がよくわかるのである。

決してこういう人たちは無謀な人ではなく、暴力で全てを解決しようという人ではないのだ。体力をもてあまし、腕力には十分の自信を持ちながら、神経は繊細過ぎるものを宿している人たちなのだ。もし、暴力を振るって、相手に傷痕でも残すようなことがあれば、一生悔いを残すという人なのだ。心やさしい人間は、えてして、こういう直情径行に移るのである。

そこで、私はお二人に、小さな声でいったものだ。

「なにがあったのか、相手がなにをいったのかもわからんが、おれはあんたの気持ちがようわかるんや。今日は、これぐらいで終わった方がええのやないか」

といった意味のことをいったら、お二人共小さく頷いて下さった。

この後、梶原一騎氏とは大阪の北新地で会い、深々と礼をされて恐縮した。

「あの時、『数寄屋橋』でああいうふうにいって下さって、ありがとうございました。下手したら、傷害で新聞沙汰になっていたかもわかりません」

中上健次氏とは和歌山で会って、同じような言葉を返されて恐縮した。このお二人共、現在は会えないのが悲しい。

それにしても、よくあれだけの文壇(というのはいやだが)関係の人たちが蝟集《いしゅう》した店があったのが珍しい。客の出入りだけで、昭和後期と平成前期の文学通史が十分覗ける気がする。日本列島の中では見当たらない客筋だった気がする。

銀座の他の店にも行ったが、どうしても馴染めなかった。

省庁の官僚とか××省の若手が幅をきかせ、大声で喋りまくり、ホステスやバーテンダーを顎で使っている。これは大阪では見られない光景であり、不愉快なものだった。

数人が高級ブランデーを飲みながら、他の客の迷惑を考えずに喋るので、注意したことがある。その時、酔眼の四十男が、

「われわれはオークラの者だ」

といったので、

「そうか、オークラか。おれはニューオータニだ」

といって立ち、さっさとホテルに帰った。

その後、連中は一旦騒然となったものの、急に静かになったと後で聞いたことがあった。二流、三流がわが者顔に振る舞う店が多く、雰囲気を保つ気持ちがない客が多いという印象をもった。

「数寄屋橋」によく行っていた頃に、江戸中期を舞台とした大坂商人とか俳人の長編小説を主として書いていた。その資料の中に〝水商売〟の語源がちらほら見えた。大別すると、次の三種である。

A　水は方円の器に従う。これに店の者は流れ込んでくるさまざまの職業の客という濁流に従って言葉や動作を自然に合わせて接待する商売だから水商売というのだという説である。

B　水は高きから低きに流れる。高き位置にいるのは客であり、低き所にあるのは店だという意味で、これは金の流れを指した呼称で水商売になったという説である。

C　これは水でも売れるという商売だから水商売という、と単純に儲け第一主義から生まれた説だというものである。

「数寄屋橋」の場合は、Aに属していたから気分よく飲めたのだろう。他の店はBが多かったように思う。あきらかにCの店もあった。

今度、三十六年経営していた「数寄屋橋」のビルが競売にかけられ、一旦店が閉められるというが、なにも悲惨に考えることはない。別の場を求めればいい。フセイン政権は三十四年で崩壊したが、ひとつの場所で三十年以上状況が維持されてきたことを祝福すべきである。

考えてみれば、私自身も「数寄屋橋」を知って三十三年目であり、もうすぐ七十二歳になる。酒量はあまり変わっていない。酒以外のことでは翳りを感じるが、これはこれで老成の域なのだと勝手に思っている。

「数寄屋橋」が競売にかけられたというのなら悲しいが、そうではなくビルが競売にかけられたというのは世の趨勢と考えればいいのではないか。

北見 けんいち

漫画家

KENICHI KITAMI

林 真理子

■

はやし・まりこ

作家。1954年4月1日山梨県生まれ。日本大学芸術学部卒業。日本文芸家協会理事、日本ペンクラブ会員、直木賞選考委員。主な作品は『最終便に間に合えば』・『京都まで』（直木賞）、『白蓮れんれん』（柴田錬三郎賞）、『不機嫌な果実』、『みんなの秘密』（吉川英治文学賞）、、『知りたがりやの猫』ほか多数。

祭りの夜

私がこの業界に入った二十年前というのは、確かに文壇というものが存在していた。

新人の作家はみなそうだと思うのだけれども、いきなり目つぶしをくらわせるように華やかな場所に連れていかれる。

ある先輩作家はおっしゃる。

「一流のクラブへまず座らされて、一生懸命書けば、こういう綺麗な女の人がいるところへ来られるんだ」

というのを教え込むのだそうだ。

今考えると、三十になったかならないかのチンピラ小娘を、よく編集者の人たちはきちんと扱ってくれたと思う。私は女だから、銀座に憧れたり、銀座に通うということはなかった。それでも一流のクラブの素晴らしさにうっとりとしたものである。当時は「眉」も存在していて、美しく本をよく読んでいるホステスさんが作家をちやほやしてくれた。そしてよく連れていってもらったのが数寄屋橋であったが、私はどうしてここが一流の文壇バーかわからなかった（ごめんなさい）。なぜならお店は古く、決して広いとも豪華とも思えなかった。もこもこした布の壁は、いろんな人の手擦れや手垢で波うって色が変わっている。

が、なんともいえぬ居心地のいいところであった。そして私はすぐにこの店の魅力に気づく。ベティさんが日本人で着物を着ていたらこうなるだろうと思われる、可愛くて素敵なママがいるのだ。

このママのお化粧には特徴があり、もともと大きな目に、濃いマスカラをつけている。ちょっとつけ過ぎかと思うくらいたっぷりとだ。

この店の常連である渡辺淳一さんが、私にこうおっしゃったことがある。

「ねぇ、ハヤシ君。ママのお化粧はヘタだと思わないかい。僕に言えば教えてやるのに」

が、あれから何回かお会いして思うのだが、やはりママにはこのメイクが似合っている。きょとんとした愛らしい表情にぴったりだ。私がこの店に来る時は、ほとんど渡辺先生とご一緒なのだが、先生とママとのやりとりにはつい見入ってしまうほどおかしい。渡辺先生の、口説くという風でもない色っぽいからかいに、なんともいえない親密な情愛がほの見えるからだ。ママも負けずにやり返し、まるで漫才のようだ。

「ジュンちゃんと私とは、同級生のようなものなのよ」

とママ。先生のデビューとお店のオープンとが同じような時期らしい。こういう文壇バーのママと作家たちとの間には、私などうかがいしれないような深い絆が存在しているのであろう。

ここのチーママのますみさんも、とても魅力的な人だ。ほっそりとした知的な美女で、私が初めておめにかかった二十年前から全く変わっていない。この店は入れ替わり立ち替わり、若い美人のホステスさんが籍をおくが、ひとりとしてますみさんにはかなわないと思う。ママはもちろんのこと、この方にかかっては名うての編集者たちは手も足も出ないのである。

かなりの地位にいる方々も、この店に入ると、

「新人の編集者の○○ちゃん」

になる。

昔はこの数寄屋橋に連れていってもらうと、一人前の作家として扱われているようで本当に嬉しかった。帰る頃には出版社さしまわしの黒塗りのハイヤーが用意され、それに乗るたびに、

「私のようなものが、こんな贅沢をさせてもらっていいものだろうか」

と胸がドキドキしたものだ。

が、結婚をし家庭を持つようになると、銀座はおろか、編集者ともあまりおつき合いをしないようになった。同じ年頃の男性作家の、銀座での武勇伝を聞くたび、

「ああ、男の人はなんて自由でいいんだろう」

とため息をついたものだ。

が、この何年かは再び数寄屋橋にお邪魔するようになった。そういう年齢になり、

文学賞の選考委員をお引き受けするようになった。選考会の流れで数寄屋橋へ、ということになる。

特に直木賞の選考会の後は、選考委員たちとこの店に集まり、受賞者を祝福するというのが習慣のようになっている。

この時、

「私のおごりよ」

と必ず、ベティママがシャンパンを抜いてくれる。そして各社の編集者たちが、わんさと押しかけてくる。まるで祭りのような夜。まだ日本に文壇があると思わせてくれる唯一の夜。

店が引っ越しても、どうかこの祭りの夜が変わりませんように。

濱野 彰親
AKICHIKA HAMANO

画家

井上ひさし

■

いのうえ・ひさし

作家、劇作家。1934年11月17日山形県生まれ。63年上智大学外国語学部卒業。日本文芸家協会理事、日本ペンクラブ会長、日本劇作家協会理事。主な作品は『手鎖心中』(直木賞)、『しみじみ日本・乃木大将』、『小林一茶』(読売文学賞戯曲賞)、『吉里吉里人』(日本SF大賞・読売文学賞)、『腹鼓記』、『不忠臣蔵』(吉川英治文学賞)、『シャンハイムーン』(谷崎潤一郎賞)など。99年菊池寛賞受賞、2004年文化功労者。

バーやクラブを避けていた理由

酒場やバーやクラブに行く習慣がなかった。

なによりも酒が呑めない。一杯のビールで気分が悪くなる。いつだったか、むりやり銀座のクラブに連れて行かれたとき、ボーイさんがいちいち床に膝をついて注文を聞くのにびっくりした。いくらこっちが客だとはいえ、あそこまでやるのはあやしい。あれは客に向かってではなく、客の持っている財布の中身にひざまずいているのだ。そう思うとちっともうれしくない。客とホステスの会話に耳を澄ますと、たいていが自慢か口説きか聞きかじりの知識のひけらかしであって、なんの勉強にもならない。こんなアホなところで貴重な時間を空費してはならぬと決心した。

もう一つ、そのクラブには美しい女性たちがたくさんいたが、自分が女性に歓迎されないということを、わたしはよく知っている。若い頃、学費を稼ぐために国立療養所で働いていたが、まわりは白衣の天使たちばかりだった。二十数名の献身的な天使たちに囲まれて二年半もすごしていたのに、だれひとり近づいてこなかった。

次に浅草のストリップ劇場で働いた。どこを向いても美しい女性たちがいて、半裸に近い格好で飛び回っていた。けれども一年もいたのに、だれひとり近づいてこなかった。それからは小説を書きながら芝居の仕事をつづけてきたが、稽古場には美しさでは折り紙つきの女優さんたちが花屋の店先のようにふんだんに咲いていたにもかかわらず、やはりだれひとり近づいてこなかった。わたしにはどうも女性に興味をもってもらえるような、ほかの男性ならみんなもっているらしい「女を惹く力」に欠けている。そんな男がバーやクラブに行ったところでどうなるものでもない。そう心を決めたので、バーだのクラブだのにまったく興味がないが、じつは十年くらい前、文学関係のパーティでひとりの女性が近づいてきた。

美人にしては愛敬がよく、出会うたびに、しきりに「いらっしゃい、いらっしゃい」と袖を引く。「酒は呑めない」と断ると、「うちにはおいしい梅酒がある」とおっしゃる。「梅酒も酒のうちだから」と逃げると、「コーヒーとシュークリームを用意する」と迫ってくる。「ボーイさんにひざまずかれたりするのがいやなんだ」と引きかけると、「うちはボーイさんのいるようなお店じゃありませんよ」と押してくる。この美人の大年増が、数寄屋橋のママだった。

断る口実がつきたころ、渡辺淳一さんに腕を掴まれてついに数寄屋橋へ放りこまれた。たぶん、ママは渡辺さんを客引きの代わりに使ったのだろう。

ソファに落ち着かぬ腰をむりやり落ち着けると、それまで想像していたような銀座のバーやクラブとは大違いで、梅酒はうまいし、ホステスさんは媚《こび》を売ることなくサバサバしているし、もちろんひざまずくボーイさんもおらず、ただ元気で機転の効くマネージャーが走り回っているだけだった。

しかも酒席の話題は、ほとんどが小説や出版社についてであって刺戟に富んでいる。そして、これが重要だが、後日、送られてきた請求書の金額は——あんなに楽しく過ごしたのだから、おそらく家を抵当にしないと払えないような額を要求されるにちがいないと覚悟をしていたが——お小遣いでも払えるくらい安かった。そういうわけで、二十年間に数度しか銀座のバーやクラブに行ったことのない人間がこのところ年に三、四度、数寄屋橋に通い詰めている。人間の決心なんて、あてにならぬものだ。

永井 豪　漫画家
GO NAGAI

渡辺淳一

■

わたなべ・じゅんいち

作家。1933年10月24日北海道生まれ。58年札幌医科大学医学部卒業。医学博士。日本文芸家協会会員、日本アイスランド協会会長。主な作品は『死化粧』（新潮同人雑誌賞）、『光と影』（直木賞）、『遠き落日』、『長崎ロシア遊女館』（吉川英治文学賞）、『静寂の声』（文藝春秋読者賞）、『失楽園』、『うたかた』など。2003年菊池寛賞受賞。

思い出いろいろ

クラブ「数寄屋橋」へ初めて行ったのは、たしか昭和四十四年の春頃であったと思う。

そのころから、新しく銀座にできた文壇クラブ、だときいてはいたが、行ってみると階段を降りた先の、なにかさえない感じのバーで、それまで連れて行かれた、「エスポワール」や「眉」と比べて、正直、一段落ちる感じがした。

ただママが明るい美貌というか、お人形のようなくっきりした目鼻立ちの人で、和服を着ていたこともあって、強く印象に残った。

それにしても、こんな若くして銀座のクラブのママになれるのか、と驚いたが、話してみると飾らぬ陽気な人でたちまち気に入った。

それから、たしか二、三回通った頃であったか、十二時過ぎまで飲んでいると、ママが「これからどこかに飲みに行くの？」ときくので、「よかったら行かない？」と誘うと、簡単に応じてくれた。

といっても、そのころは東京に出てきたばかりで、どこへ行けばいいのかよくわからない。ただ一つ、青山に戸川昌子さんがやっている「青い部屋」というバーがあるのを知っていたので、そこへ行くことにした。

といっても、行ったことがなくて場所がわからず、そのまま延々と渋谷の近くまで歩き廻ったが、やはりわからない。

正直いうと、わたしはこのとき、すでにバーに行くことはあきらめていた。それより、どこかラブホテルでもないものか。あれば「入って少し休もう」と、誘うつもりだったが、それも見当たらない。

そのうち午前二時近くになって、お互い疲れもたまって、軽く手を握っただけで別れてしまった。

むろん、いまならそんなヘマはしないけど、いや、ヘマをしたからよかったのか、それ以来、ママとは「友人以上、恋人未満」として三十五年近く付き合っていることになる。

「数寄屋橋」の古色蒼然とした雰囲気については、多くの人が書くだろうから、ここでは控えることにする。

かわりに「数寄屋橋」に関わる人々の思い出を記すが、初めのころは、有馬頼義先生とよく通った。

当時、先生は「石の会」という若い作家の会を主催されていて、わたしもそこに入っていたこともあって、先生からお呼びがかかることが多かった。

そんなとき、先生は必ずママを西荻窪の自宅まで呼ばれ、奥さまがママに財布を渡して、「よろしくね」といわれる。ママはその財布を恭々しく拝借して店にお連れし、先生がしばらく遊んで帰られるときは、しかるべき金額を抜いてお財布をお返しして、またハイヤーに乗せてお見送りする。

さすが飲みかたもお殿様、という感じだが、先生が帰られたあと、ママに、「財布にいくらくらいお金が入っていて、どのくらいもらうの?」ときいたが、ママは笑うだけでついに教えてもらえなかった。

いま一人、ママに関わる人で忘れられないのは、「主婦と生活社」のオーナーであった遠藤左介さんである。

もう時効だから明かしてもいいと思うが、当時の若手の芸者ナンバーワンのママはこの遠藤さんに落籍《ひか》されて博多から上京し、「数寄屋橋」のママになったのである。

そのとき二十歳だから、銀座のママのなかでも抜きんでて若かったのは当然である。

この遠藤さんは、かつて明治大学の学生のころ、アメリカでヨーヨーが流行っているのを見て、これを日本で売り出し、おおいに儲けた人である。

遠藤さんは楽しく独創的な人で、出版以外に紡績工場なども経営されていて、晩年には、柄についているボタンを押すだけでブラシの上に歯磨き粉が出てくる、ハブラッキーという歯刷子を考案されて、わたしも何本か頂戴したことがある。

氏は外見こそいかめしいが、その実、優しく気くばりの人で、遠藤さんとママとは親子ぐらい離れていたが、ママが惚れこんだのも無理はない。

察するところ、ママはいまも左介さんのことを愛していて、生涯、左介さんだけを守ってきたのではないか。

おかげで、わたしはママが好きだけど、口説こうとするといまでも左介さんの優しい笑顔が浮かんできて、いまだに口説けずにいる。

それにしても、ママほどクラブのママに適っている人はいない。誰よりも人間好きで話し好きで、どんなときにも明るく前向きで懸命で、性格は童女のようである。

こんなママを一人で縛っておくことは無理なので、以前、道明の帯締めを一本贈り、それでいまも縛ったつもりでいる。

松本 零士

漫画家

REIJI MATSUMOTO

終章

私の宝石《たからもの》

園田静香

文士劇と銀座のママたち　―川口松太郎先生―

　有名な小説家の方達が年に一度、日比谷の宝塚劇場で素人歌舞伎、いわゆる〝文士劇〟を催されて（文藝春秋主催）いましたが、昭和四十三年の十一月二十七日が丁度その日で、此の日を吉日にしてクラブ数寄屋橋をオープンすることにしたのです。

　当日の昼、作家の方達とは全く面識のない私は、取り敢えず舞台のスタッフをなさっている出版社の方達への差し入れを持って、宝塚劇場の楽屋に行きました。

　劇場の楽屋は子供の頃から好奇心は持っていましたが、初めて行く所なので興味半分怖さ半分、おろおろしながら折詰のお寿司を抱え、楽屋口から専用エレベーターに乗りました。廊下を隔てた左側は三部屋続きの日本間で、仕切りになっている襖を取り払い、細長い大広間になっており、部屋一杯に豪華なお花で飾られ、お酒やお菓子それにお寿司など食べ物や飲み物が所狭しと積まれておりました。先生達がご贔屓にされている銀座のクラブから、毎年それぞれ趣向を凝らした差し入れをされるのだと聞かされていましたが、その豪華さには驚かされました。白衣を着た女性のマッサージ師の方が何人かおられたのですが、この方達も銀座のあるクラブから送り込まれた楽屋見舞いだと、後で聞かされ唯々感服させられました。

厚化粧の女形の方や、髷《まげ》を付けて刀を持ったままの方達が、連絡や打ち合わせなどで忙しそうに出たり入ったりされていますが、おそらくこの人達も有名な作家の方達だろうということは、口振りや雰囲気で私にも分かりました。

出版社の方達も舞台のお手伝いで忙しいからとどこかへ消えてしまわれ、私が一人その場に取り残されてしまいました。今夜私の店はオープンするので、未だ私は銀座のママではないのです。どこへ行けばいいのか何をすればいいのか、このまま逃げて帰っては此処へ来た意味がなくなるし……。

子供の頃から人前に出るのが好きで物怖じしない私は、座敷きの隅に取り敢えず小さくなってチョコンと座りました。……がしかし威圧に満ちた雰囲気に圧倒され、完全に怯えてしまい気後れして、もう立つことも出来なくなり、一応はあたりを眺めているのですが、作家の方達やママさん達と目を合わせるのも怖くて、何か話し掛けられたらどうしよう……額に脂汗がにじみ、脇の下からは冷や汗が肌を伝って流れているのがはっきりと分かりました。

その時、私の目の前におられた先生方は確か川口松太郎、山岡荘八、村上元三、柴田錬三郎、北条誠、梶山季之、こう言った錚々《そうそう》たる方達だったと記憶しております。たくさんの心尽くしの差し入れに埋もれ、美しい銀座のママさん達に囲まれての談笑に皆さんご満悦の様子でしたが、特に一番奥に座っておられた川口松太郎先生の側では、奥様でもあり女優の三益愛子さんが、衣装の着付けやお化粧など甲斐甲斐しく身の回りのことをなさっておられた姿が、強烈な印象で今でも私の脳裏に焼き付いております。

廊下を挟んだ向かい側は個室になっていましたが、どの部屋からもノック音、ドアを開ける音閉める音、女性の甲高い笑い声も絶え間がありませんでした。そこには早乙女貢先生や井上ひさし先生、小島功先生、それに加藤芳郎先生もいらっしゃいました。読みあさった小説や、夢中になった漫画の作者の方達、あるいは新聞や週刊誌の連載や町の本屋で目にした作家の方達、テレビでお見受けした作家の方も、皆さん超有名な方達ばかりのお名前がドアに貼り紙されておりました。まるで、四面楚歌に怯えた項羽か蛇に睨まれた蛙です。恐怖のような苦痛のような、それはそれは長い長い時間で、私もチビリそうな体験を初めて致しました。

けれど結局、出版社の皆様のお陰で、楽屋見舞いという恐怖の体験をさせて頂いただけでなく、何人かの作家の方達にも紹介されたり店のオープン披露もして頂き、思いがけない出会いが生まれ、夢のような触れ合いが出来ました。

ふろふき大根

物怖じしない私は翌年から堂々とした銀座のママになっていました。一流クラブのママさん達と同じように楽屋見舞いに訪れ、楽屋では馴染みにしてくださる先生方のお世話をさせて頂いたり、開演中は舞台の袖でお絞りをお渡ししたりして、いろいろなお手伝いをさせて頂き、独特の環境や雰囲気を味わわせて頂きました。

女の化粧は、美人への変身願望がそうさせるのかと思いますが、ある時、化粧されたり髷を付けられたりして、文士劇のパフォーマンスを楽しまれる先生方を見ている時に、ふと、小説を書かれたり漫画や絵を描かれることも、ある意味では変身願望からの表現ではないだろうか……作家の方達はひょっとすると皆さん、とても強烈な変身願望の持ち主では……などと大変失礼な想像をしたりしたこともありました。

毎年のように先生達の楽屋は、個性豊かな先生方らしい生き様の世界になりますが、普段は先生方の奥様を始めとしたご家族や知人友人で賑わっています。時に先生によっては愛人らしき方が楽屋見舞いに来られることもありますし、それでなくても銀座のママさん達やホステスの方達で入り乱れていますので、女性の方達は皆さん控えめに、あるいは隠したり隠れたり、時には鉢合わせしたり、笑顔に笑顔で疑心暗鬼の競り合いなど、争いにも似たものを見たこともありました。

しかし、ある意味では洒落でありユーモアに満ちたジョークのようなもので、先生方らしくて微笑ましい光景でもあり、私にとりましても得難い触れ合いになりました。

数寄屋橋をオープンして三年くらい経った頃だったと思いますが、恒例の〝文士劇〟が終わった後で、誘い合われることもなく三々五々と私の店に集まって来られ、今考えましても、談笑は盛り上がり、それに釣られてどなたからか、

「じゃーひとつ此処で……」

ということで急遽、打ち上げの会になりました。

クラブなので料理を出すわけにもいかないし、そうかと言って何時ものような乾きものや、他の店ででも出されるようなものでは……。

此処一番腕を振るって、私らしいものでと店長や店の女性達にも相談して、丁度ストックされた材料もありましたので、温かいフロフキ大根を出すことに致しました。

お代わりされる先生までいらっしゃって、皆さんとても美味しく食べて頂き、呑むほどに酔うほどに夜も更け、酔いの廻った方や酔いが醒めた方、今日の文士劇の話題も尽きかけた頃、お開きとなりました。

「ママは皮肉も利くけど……中々粋なことをするね」

幹事役をなさった先生がお帰りになる時に、意味ありげにおっしゃいました。

「えっ？……どうもありがとうございました」

精一杯の気を配り、女性達も完璧なお世話をさせて頂いたと思っていたのですが、皮肉とか粋とか、意味ありげな言葉を聞かされ、何か粗相でも……不味いことでも言ったのかしら……。

「皮肉……粋……皮肉……粋……？」

店が終わる頃まで、何度も口の中で呟いておりました。

やっとその意味を理解することが出来た私は、恥ずかしいやら申し訳ないやらで、翌日早速その幹事役の先生に電話をかけ、くどくどと弁解してお詫びを申し上げました。

「来年もまた頼むよ」

電話の向こうからは、簡単なひとことがとても温かい返事になって帰ってきました。

後列右から笹沢左保先生、田中小実昌先生、井上ひさし先生、おおば比呂司先生、1人おいて早乙女貢先生

君の名は数寄屋橋 ―菊田一夫先生―

お客様の何人かに一人は
「どうして数寄屋橋って名前をつけたんだい？」

「この名の他になかったのかい？」

「何故？……」

そんな時、私は決まって〝数寄屋橋〟と名付けた三つのコンセプトをお話しします。

「私は九州出身だから、出身地に因んだ名前にしようか、少し（一年ぐらい）だけど、博多の花柳界におりましたので、その時の源氏名にしようか、でも日本の中心地、銀座から出発するのだから……迷いました。迷ったあげく次の三点を……。
①九州にこだわらず全国で通る名前であること。
②一度来て一度で覚えられる名前であること。

③何かの事情でお客様にお電話する時、『カサブランカの園田です』や『レッドシューズの園田です』といった横文字より、銀座のシンボルでもある『数寄屋橋の園田です』のほうがお客様の会社やご自宅でも通りがいいのではと考え、数寄屋橋と命名しました」と答えます。

開店して二、三年してからでしょうか、東宝の重役をしていらした菊田一夫先生がお見えになられました。もちろん、先生といえば、あの名作「君の名は」を知らぬ人はおりません。

その先生が、店名をとてもなつかしがって、「数寄屋橋がここで生きていたか」と喜んでくださいました。名作に登場する本物の数寄屋橋はとうになく、高速道路に替わって、今では近くの数寄屋橋公園に先生の揮毫による「数寄屋橋此処にありき」の碑が立っているだけです。そこで私は、「今宵もあなた待ちます数寄屋橋という気持ちで店名をつけました」……小さなウソをつきました。

先生はさらに気に入ってくださって、色紙に「数寄屋橋　人の波　待つ人の来ぬ悲しさよ」とさらさらと書いてくださいました。

その色紙は、今でも大切に店に飾っております。
そしてそのことは、店名をつけたコンセプトの四番目に堂々と位置しております。

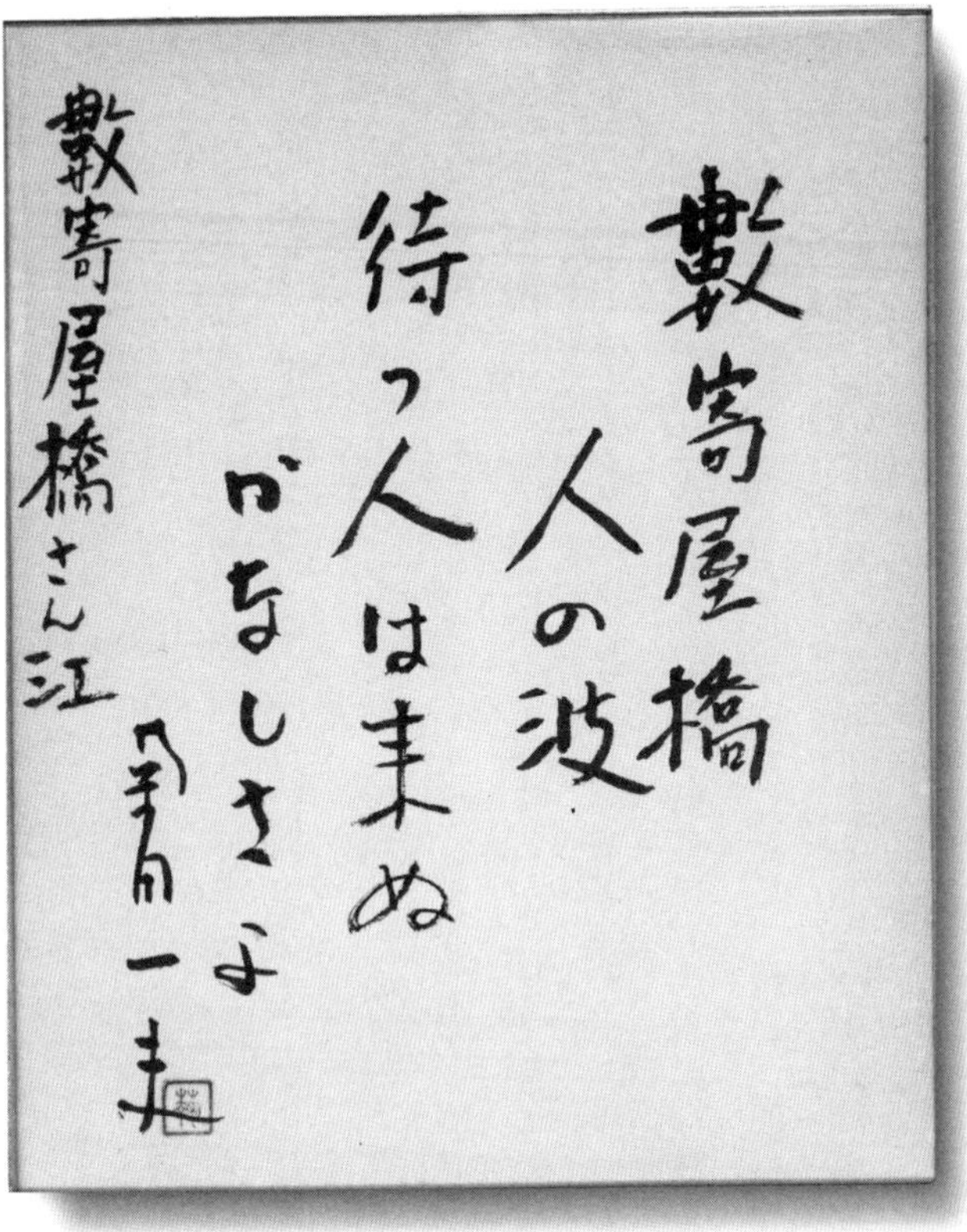

數寄屋橋
人の波
待つ人は来ぬ
がなしさよ
菊田一夫
數寄屋橋さん江

電気ウナギとシャコ ―戸川幸夫先生―

昭和四十四年、紀伊國屋書店がサンフランシスコにお店をオープンしまして、そのお祝いを兼ねて、文化人の方々が渡米なさることになり、私も連れていって頂きました。その時が、私にとって初めての海外旅行です。サンフランシスコに着いて待っていたバスに乗り込み街に出た時、第一声「きゃー、外車ばっかり」と叫んでしまいました。皆さんには笑われました。今、考えると何て恥ずかしいと思いますが、日本ではまだその頃、外車はそれほど多く見かけない時代で、大人になりかけの私が初の海外旅行で素直な率直な感想を漏らしたということで、後日、同行していた先生方からずいぶん、あちこちで面白、可笑しく書かれました。紀伊國屋書店社長の田邉茂一さんを始め戸川幸夫先生、柴田錬三郎先生、秋山庄太郎先生、梶山季之先生、團伊久磨先生などの錚々たるメンバーでございました。銀座からは「眉」、「葡萄屋」、「スウーリー」、「アンドリュウス」、「数寄屋橋」の五名が参加させて頂きました。

その後、ハワイに寄った時のことです。戸川先生と水族館へ行きました。そこで、大きな水槽で数十匹の電気ウナギが泳いでいるのを見ました。「大きなウナギですね、本当に電気が出るのかしら?」と私が呟くと、傍らにいらした戸川先生が、「そうだよ。ここの部屋の明かりの電気はこのウナギから出ているんだよ」と、おっしゃいます。えーっ? と思いましたが、動物学者としても著名な先生だし、それにいろいろ説明がまた辻褄が合っていて、納得がゆくように聞こえて、私は本気にしておりました。先生のお話に聞き入りながら、大きなシャコのいる水槽に移りました。そこでまた、私が「大きなシャコですね」と申しますと、先生が「シャコって英語で何と言うか知ってるかい?」と聞かれます。私が必死に考えておりますと、先生が「ガレージ(garage)」とおっしゃいました。えっ? 私は我に返って、不思議な世界から現実に引き戻され、からかわれていたことに気がつきました。シャコがガレージだなんて! 今でもお寿司屋さんでシャコを注文しますと、あの時の戸川先生とのやりとりがクスッと小さな笑いと共に思い出されます。

刑事の尋問 ―松本清張先生―

パーティー会場で肩をたたかれ、「君どこの娘《こ》？」。独特なオーラを発している松本清張先生から声をかけられました。心の中で〝先生!! もう三回目ですよ〟。そう呟きましたが、反射的に「クラブ数寄屋橋です」。

側にいらした講談社の三木章さんが、

「最近オープンした店ですよ、今、若手作家達に人気がありましてネェ」

「そうかあ」

大きな、鋭い目でジロリと私の全身を上から下までナメ廻すようにごらんになり、

「九州じゃないか？」

「ハイッ、熊本です」

刑事の尋問でも受けているような緊張をおぼえました。

「そうだろう九州の女の顔だ、三木君、今夜この娘の処へ行こう」

それが初めての来店でした。

店では、同じ九州ということもあって話ははずみましたが、実は先生の強烈作品のイメージと人伝てに聞いた数々の艶聞が交差し、目の前の先生の鋭いまなざしの人の心の奥底まで見すかすようなパワーの強さに圧倒され続けたひとときでした。

二〇〇四年、『黒革の手帳』がテレビ朝日開局記念番組で放映されましたが、何十年か前、『黒革の手帳』のテレビドラマで主演した山本陽子さんが、今回の主演米倉涼子さんに銀座を生きるすべを教えるママ役で出演し、それも話題のひとつになり、高視聴率をあげ、今の若い人達にも大変受けたそうです。歴史、文化はくり返される。先生はそこまで見抜いていらっしゃったのかしら……?

ギョロリとした目で「九州じゃないか?」と言われたあの言葉は、今でも私の耳に残っております。

私の謎 ―有馬頼義先生―

有馬頼義先生とは、とても親しくさせて頂きました。先生のお家は筑後・久留米のお殿様で、肥後生まれの私にも同じ、お殿様という思いがありました。お店にお見えになられても、パーティーでお会いして一緒にお店に同伴して帰る時も、先生はお財布ごとぽいと私にお渡しになります。私がその中から、代金、チップ、そしてハイヤーを呼んだ時にはあらかじめ料金を運転手さんに渡して、それからお返しします。先生は、ご自分では決して、お財布を開けたりなさらない。やっぱり、お殿様なんです。

そうそう、競馬の有馬記念に連れて行ってくださったのが先生でした。有馬記念は、先生のお父様、有馬頼寧様が発案されて出来たレースです。私にとって、競馬デビューで、中山競馬場のロイヤルボックスへ行きました。当たりました。ビギナーズ・ラックというのでしょうか。味をしめてそれから少し、馬券を買ったりするようになりましたが、結局、利息をつけてお返し致しました。

先生、奥様に招かれて有馬邸に出入りしたり、お食事にご一緒したりの家族ぐるみのお付き合いをさせて頂いていたのですが、ある日先生が「来年、凄いことをやるからね」と仰いました。私は温和でおやさしい先生の目がキラリと光ったように思え、何か凄いお仕事をなさるのだろうと期待に胸が高鳴りました。

翌年、ニュースで自殺を知らされ、驚きと同時に涙をおさえるのに必死でした。先生のあの言葉が脳裏に……。〝来年、凄いことをやる！〟。それはこの自殺だったのかしら？

先生はその時は一命を取り留められましたが、その後の先生はもう、以前の有馬先生ではありませんでした。未だにあの言葉はナゾとして私の心に……。

言葉のカルチャーショック
―吉行淳之介先生と東郷青児先生―

吉行淳之介先生と東郷青児画伯の交わした一寸した会話なのです。

東郷青児画伯がお仲間といらっしゃっておられる時に、作家の吉行淳之介先生が一人でおみえになり、それぞれ離れた席でしたが、そのうちに迎えの車が着いたらしく、東郷画伯が席を立たれ、吉行先生の側まで行かれて笑顔で軽く会釈をしながら、

「○☆▲＊◇●▽◎★＊△◆？」

私には解らない外国語で何かひとことおっしゃいました。

「▼○＊■◎△●☆◇▲＊○！」

間髪を入れず吉行先生も同じような発音でひとこと、軽く言葉を交されました。

画伯を送って出口まで行き、

「ねぇーえ、吉行先生に何ておっしゃったのですか？」

車のドアを閉めながら、

「久しぶりにお会いしたので、ご挨拶をしただけですよ」

画伯をお送りして席に戻り、吉行先生にもう一度聞いてみました。

「今、何をお話しなさったのですか？」

「東郷さんからは何も聞かなかったの？」

「東郷先生は只ご挨拶をしただけだって」

「ハッハッハハハ……フランス語でね〝相変わらずダンディーですね〟って言われただけだよ」

「へえー、それで……先生は何てお答えに？」

「〝貴方にはとても及びません〟とだけ」

瞬間、私は経験したことのない、めまいがするほどの言葉のカルチャーショックを受けてしまいました。

今でもその席に座ると、あのお二人の洒落た会話の情景が目に浮かびます。

三年間の銀座の恋の物語 ―大藪春彦先生―

大藪春彦先生といえば、ガキ大将の少年がそのまま大人になられたような方で、何時もサファリハットを被り、そのままアフリカに狩猟に行かれてもおかしくないようなスタイル（格好）でいらっしゃるのです。ハードな作品のイメージもあって怖い先生という思い込みが編集者の方々の中にも多少あったようですが（確かにいくつかの銀座での武勇伝も噂では聞いておりました）、数寄屋橋にいらっしゃると「静香ちゃん、静香ちゃん」と声をかけてくださいました。時々ですが、お帰りの際にポツリと、

「今日は女房がいないんで、子供をお風呂に入れなければならないんだ」とおっしゃるので大変だろうと思い、おにぎりとちょっとした煮物、おしんこを用意して差し上げますと、先生は嬉しそうに、大切に持ち帰っていらっしゃいました。先生が

亡くなられてから奥様からお聞きしたのですが、おにぎりを持ち帰られた日も奥様は家にいらして、「これ、静香ちゃんが作ってくれたおにぎりとおしんこなんだ！うまいんだ！」と言ってニコニコしながら召し上がっていらしたそうなのです。今でも奥様にお逢いしますとその話で時間が経つのを忘れてしまいます。先生にお逢いして数年後、唐突に「明日から一寸外国に行ってくるよ」とおっしゃるので、自然の流れで「先生！　お土産ね」と言いました。

「ウン、分かった！」

数週間後、お見えになられた時、お土産包みを無造作に渡されました。私は家に帰って何だろう？　ワクワクしながら開けました。品物は何と、ハンティングナイフ。

えーっ?･?　びっくりしましたが、そうだわ、大藪先生の外国は、私達の勝手に思い浮かべるフランスとかイタリアではなく、アフリカなんだと思い至りました。たしかに先生のお土産に香水は似合いません。

そのナイフは今でも護身用に大切に……。

数十年前にさかのぼりますが、当時徳間書店主催の年忘れ文化人歌謡大会というのが日劇（現在のマリオン）で催されていて、主催者から、そこの看板作家であられる大藪先生をどうしても出演させて（引っ張り出して）くださいと編集者の橘邦之さんから依頼がありました。社の方から頼まれても先生は、人前で唄うなんて〝イヤダッ〟と拒否されていたのだそうです。

自信はなかったのですが、親しくさせて頂いていた橘さんの頼み、引き受けてしまいました。スタッフと一緒に考え、私がどうしても先生と一緒に舞台で唄いたいとお願いします。スタッフの力も借りてやっとの思いで承諾を頂きました。ところが「困ったなあ、ボク、デュエットの唄、知らないんだよ」。

「先生、大丈夫よ！　ウチの真澄（現在専務）、のり子（現在主婦）を両脇につけるから、唄っているようなポーズだけとって！」

〝銀座の恋の物語〟をデュエットすることになりました。

舞台に出る寸前に「先生‼『東京でひとつ銀座でひとつ』のところでお互いの顔を見つめ合いましょうね」と再三申し上げました。ところがいざ本番になり舞台に立って伴奏が流れ始めると、私の方を最後まで見つめ続けたままで唄うポーズをとられていたのです。後日その時のフィルム（ビデオ）と写真を見て納得しました。唄っていた時の客席の反応が良かったのはこのことだったのかと分かりました。私達がうけてるとウヌボレてスポットをあびていた私自身を思い返し、可笑しいやら恥ずかしいやら、又、あの大作家が学校の先生の言われたことを忠実に守っている少年のようで微笑ましく思えました。

さすがに先生に舞台にご出演頂くことは三回が限界でした。

「静香ちゃん、来年からは別な人に頼みなさいね」

大藪先生との「銀座の恋の物語」は三年間で終わりを告げました。

夫婦愛 ―新田次郎先生―

先生のそわそわ、イライラ落ち着かない表情が始まります。時計を見ますと決まって九時すぎ。

それまでは楽しそうにお喋りに花が咲き、私達の帯に差しております扇子に目がいきますと「貸してごらん」とおっしゃってサラサラと詩を書いてくださいます。私達は心の中で「新しい扇子なのに、イヤだわあ！」。でも「ありがとうございました」とうらはらな答え。お互い顔を見合わせ「又、書かれちゃった」……。

先生がお帰りになられた後、別の席で話が盛りあがり、余りのおかしさに扇子で顔を覆いました。「新田次郎の直筆だあ、すごい！」。喚声にも近い声。

「エッ…？」

「幸ちゃん、これ僕にゆずってくれないかなあ、十本でも二十本でも新しい扇子買うから」

「そんな二十本も要らないわ、一本でいいわ、そのかわり先生に書いて頂いた記念に何でもいいから買ってェ」と欲しがったお客様にダメもとで言ったそうです。「アッいいよ！」。びっくりした幸子は「ママ実はこれこれしかじか」と興奮した様子で私に話しました。今まで新しい扇子に落書きされたと思っていた女性達はそれから一変して、先生がいらっしゃるとわざと新しい扇子を出して詩を書いて頂くようになりました。

それをお客様に差し上げてその方の記念品としていろいろ買って頂きました。それを私達は、新田先生の孫記念品と呼びました。若かったとはいえ価値を知らないということは何とおろかなことでしょう。手元に残ったのは茶封筒に下書きされたこの詩だけ。悔やまれて仕方ありません。大切な宝だったのに……。

振り返って今考えてみますと、詩を書かれるのは別としても、十時をすぎますと、大体明るい飲み方の先生でしたが、何かがふっきれた様子になられ、ダンスタイムが入ったり、遊び方がひと回り大胆になられます。

何時ものことなので、気になっていました。

或る夜思い切って
「先生どうして？・？・」

答えは簡単でした。

奥様（作家の藤原てい先生）との約束で、家に十時までにお帰りにならないと罰金一万円!!

それでェ……素晴らしい夫婦愛を感じました。

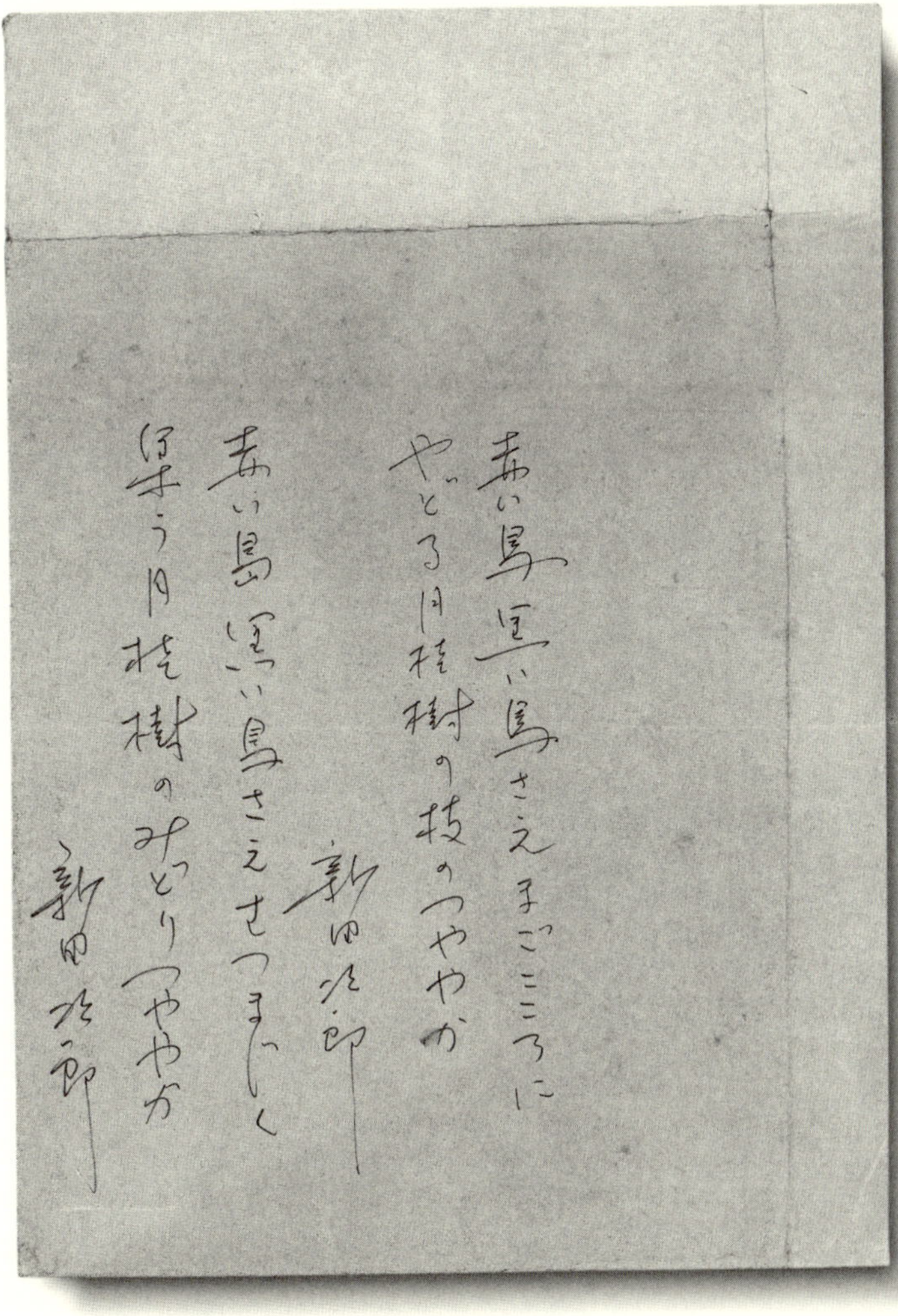
赤い鳥黒い鳥さえまごころに
やどる月桂樹の枝のつややか
新田次郎
赤い鳥黒い鳥さえせつましく
巣う月桂樹のみどりつややか
新田次郎

風と共に去りぬ

―立原正秋先生と生島治郎先生―

作家の先生方って、鋭い洞察力と行動力を持っていらっしゃる半面、何時までも少年のような心を持っていらっしゃるのだなァと強く感じさせてくれるエピソードを残してくださったのが立原正秋先生です。

先生とはお店にお見えになられただけでなく、対談とか写真にも出させて頂きました。ある時映画のお話になって、私が好きな映画は「風と共に去りぬ」です、と申し上げたことがあります。なかでもクラーク・ゲーブルのレット・バトラーとヴィヴィアン・リーのスカーレット・オハラが夫婦になって、大喧嘩する場面があります。バトラーが怒ってスカーレットを横抱きにして階段を駆け上がっていくシーン、あのシーンが一番好きなところですと力を込めてお話し致しました。

数日後、立原先生がお店にいらして、いろいろの話題で盛り上がりお帰りになられる時、数寄屋橋には出口へ向かう階段が二つあり、お店の入り口から右側にある広い階段のところで、先生がいきなり私を抱き上げてさっさと階段を上っていかれるのです。先生はバトラーのつもりだったのだろうと勝手に思っております。私もスカーレットになった気分で先生に抱かれたままで出口まで行きました。そしてその日はお姿が見えなくなるまでほのぼのとした気持ちでお見送り致しました。

このお話には後日談があって、これこれしかじかで立原先生に抱かれて階段を上ったということを、生島治郎先生にもお話ししたんです。そうしたら、先生もお帰りになられる時、同じように私を抱き上げて、逞しく階段を上って行ってくださいました。

手相 ―五味康祐先生―

剣豪作家として知られた先生です。でも、『喪神』で芥川賞を受賞してデビューされ、いろいろな趣味を持たれてもいるユニークな方でした。手相に関して独特な世界というか、権威を築かれていて、お店に見えられた頃には、週刊誌とか各誌で占いの連載をなさっていらっしゃいました。

現在、お店によく顔を出してくださる直木賞作家の西木正明先生が当時、雑誌で五味先生の担当編集者をなさっていたのです。

ある日、先生がいらして、私の手相を見て、「君はいい相をしている。結婚線がいい。とくに二回目の結婚がずーっと続くいい相手だぞ」と自信を持って仰ったのです。えーっ。内心、私は考えました。実は、私は一度結婚しておりまして、事情があって五カ月で別れていましたが、二度目が来るのだろうか、とちょっと期待。

翌週（数日後）先生が来られて、いつものように「手を見せてごらん」とおっしゃいました。私の手相を見るなり開口一番、「君は結婚運がない」とひとこと。私はそのひとことをお聞きして以来、先生が来られても一切、手相は見て頂かないようにしました。他の女性達はキャーキャー言って見てもらっていました。

独特のいでたちのユニークな先生でしたが、私には、この手相の一件が一番印象に残っております。今でも時々西木先生と五味先生の思い出話をいたしますが、自信たっぷりで言い切られた五味先生のあの時のお姿が……目に浮かびます。

宇宙船に連れて行って！―手塚治虫先生―

　私のような仕事をしておりますと、人様にも家族にさえ話せない色っぽい話やズッコケル話などがたくさん聞くことができます。艶っぽい言葉や、衝撃的な言葉が心に残った時、その言葉を廻りにある用紙に書き留める様、心がけております。気が向いた時、その言葉を並べては詩を作り、その詩にいろいろなメロディーをつけて、母のピアノで唄っていました。私の密かなストレス解消法のひとつでしょうか。

　そんなことを何かの折にお話ししたところ、常連でいらした当時のワタナベプロダクションの松宮庄一郎先生、川口敏則さん達のご協力でいくつかの楽面が出来あがりました。その中から何曲か選び、一枚のＬＰ「静一人」（非売品）が誕生致しました。そのエグゼクティブプロデュースをしてくださったのが手塚治虫先生です。

　先生との忘れられない思い出は、ちょうど、そのＬＰの打ち合わせで私が手塚先生と待ち合わせをした日のことです。ＬＰが出ましたのは、昭和六十二年六月ですので、その三カ月くらい前だったでしょうか、開店前のお店で午後五時三十分に待ち合わせをし、私は先生をお待ちしておりましたが、先生は一向に現れません。「あの先生は時間は守らないよ」なんてよくお聞きしていましたが、私との約束はいつも守ってくださっていたので、そんな噂は信じていませんでした。六時になり三十分を過ぎますと、やはりもしかしてあの噂は本当だったのかしらと不安にかられながらも、その気持ちをとりなおして、私はテーブルで原稿を書き始めました。時間を忘れていますと背後にふと人の気配がします。びっくりして振り返ると、手塚先生がニコニコしながら立っていらしたのです。

「先生、何やってたのよォ」。私はつい、大きな声を出してしまいました。先生が「ごめん、ごめん。実は宇宙船に行って来たんだよ。そこで、宇宙人とお茶を飲んでたんでね、つい遅くなっちゃった。ごめんごめん」とおっしゃるのです。私はその時、「えっー、宇宙船！　わあっ、私も連れて行って欲しいわァ」。何のためらいもなく、言ってしまいました。「うんうん、今度連れてってあげるよ」と、先生は笑いながら約束してくださいました。

話はそれだけなのですが、先生はその年の大晦日にラジオで、角川春樹さん（当時、角川書店の社長）と対談をされ、その中で宇宙船でのお話をされました。そして、私の出来立てのLPの中からお気に入りの「フィッシング」という唄を流してくださいました。後日、その番組をお聞きになられたちばてつや先生に「ママが唄っているとすぐ分かったよ」とあるパーティーでお逢いするなり言われました。嬉しいやら恥ずかしいやら……。

数年後、手塚先生はお亡くなりになられました。今でも先生と交わしたあの宇宙船のお話が妙に心に残っております。ある日、大変著名な先生お二人に、手塚先生が宇宙船へ行った話をしたのです。「あの話、本当だったのでしょうか？」。すると、一人の先生は、「手塚さんがそう言ったのだから、きっと本当だよ」とおっしゃり、もう一人の先生からは、「君が、そんなにバカだとは思わなかったよ」と、一笑にふされてしまいました。私にとって、手塚先生の笑顔と一緒に忘れられない大切な思い出になっております。

魚の名前で恋の歌をつくりました。
手塚先生はこの歌がお気に入りで、ラジオの対談でも使われました。

Fishing

詞・曲　園田　静香

コイの相手を　ジョウズにアサリ　(鯉・鮫・浅蜊)
カレーな人生　ホシイカら　(カレー・干し烏賊)
マグロ・アタリメ　ホウボウ捜し　(マグロ・するめ・魴鮄)
ヤマメ暮らしも　サバサバ捨てて　(山女・鯖)
イカしたヤツメに　アユしていると　(烏賊・八目鰻・鮎)
イワシ・タイ　(鰯・鯛)
イルカいな　イルカいな　(海豚)

メザシたブリっ子　ヒラメいたので　(目刺し・鰤・平目)
ナマズば飲んで　サワラせりゃ　(鯰・鰆)
キス・アイナメ　まずスルメイカ　(きす・あいなめ・するめ烏賊)
ハマグリ捨てて　コハダをよせる　(蛤・こはだ)
アナゴの名前は　アンコウの名前は　(穴子・あんこう)

スズコちゃん（すずこ）
エイじゃないか　エイじゃないか（えい）

眠けナマコで　目がサメた時（海鼠・鮫）
イクラ・ハマチと　聞いちゃった（いくら・はまち）
ニジマス涙　眼クジラ立てて（虹鱒・鯨）
シジミ込みつつ　フグ提灯（蜆・河豚）
シラウオ切っても　ウナギ垂ーぁれて（白魚・鰻）
タチウオじょう（太刀魚）
ヒトデなし　ヒトデなし（人手）

キンギョ迷惑　ハタハタ困る（金魚・はたはた）
アジな真似して　イサギ良く（鯵・いさき）
チョウザメしたのが　ホッケの幸い（ちょう鮫・ほっけ）
イカナゴおいらも　シャコなんだけど（いかなご・蝦蛄）
ニシンしたんじゃ　サザエきりょうか（鰊・さざえ）
ドジョウもない（鰌）
ベラぼうめ　サヨリなら（ベラ・細魚）
カニんな　さようなら（蟹）

村上 豊

画家

YUTAKA MURAKAMI

香港の前夜 ―梶山季之先生―

黒岩重吾先生が集英社の美濃部修さんと十時頃お見えになり、もろもろのお話のあと柴田錬三郎先生の話になりました。「柴田錬三郎氏にはどうしても勝てない。ドボン（カードのバクチの一種）の神が後ろについているのではないか……」。そこから話題はバクチに移って、話に花が咲いておりましたが、十一時をちょっと過ぎたころ、何を思われたのか急に黒岩先生が「梶山は銀座のどこかにいるだろう。オカミ、こころあたりに電話してみてくれ」。

「わかりました」と言ったものの、実は梶山季之先生は一カ月位前、ある出版社の編集者の方とちょっとしたトラブルがあり、数寄屋橋への足が遠のいておられました。

お越し頂けるかしら。ちょっと不安はありましたが、私の役目、心を落ちつけて受話器をとりました。

まず最初に先生が一番愛していらした「魔里」という店にお電話いたしました。「ちょっと待っててね」、ママの明るい声。しばらくして、さわやかな梶山先生のお声が。私がちょっと緊張しながらご伝言しますと、

「わかりました。すぐ行きますよ」

私はホッと胸をなでおろしました。二十分後ぐらいに梶山先生がお見えになり、黒岩先生とは久し振りだったらしく、朝の四時過ぎまで賑やかに、楽しく、時を過ごしました。

今思いますと、梶山先生にとってあの夜は、ご自分の胸の中にあるものをはき出し、そして何かを伝えたい、そんな貴重な時間だったような気がします。

翌日、梶山先生は香港へ旅立たれました。そしてそのまま帰らぬ人となられました。

黒岩先生、柴田先生、梶山先生は兄弟のように仲がいいと人の噂で聞いておりましたが、残念ながら三人ご一緒のお姿を目にすることは出来ませんでした。

鋭い眼光 ―黒岩重吾先生―

不思議な女性

園田静香さんと知り合って、もう二十五年近くになる。この歳月は女性から若さを奪い嫌な面も露出させるが、彼女は初対面の時と殆ど変わらない。不思議な女性である。

その秘密の根源は、人生に対する貪欲さにあるようだ。歌をレコードに吹き込み、描いた絵は賞を得た。今度は体験をもとにしたエッセイ集も出版した。

エッセイの方は余り期待していなかったが、読んでみて驚いた。実に面白いのだ。文章は軽やかで瑞々しく、あっという間に彼女の世界に引きずり込まれる。とくに要所要所で、微妙に人間の味を見事に掴み出している。それが出来たのは、彼女の人間凝視の鋭さによる。ところが客席では全くそれを感じさせない。

本当に不思議な女性である。

黒岩重吾

平成三年、私が『グラスの向こうに』という本を出版した時、先生から頂いた大変光栄なお言葉です。今でもこの文章を目にしますと遥か昔、先生との出逢いを鮮明に思い出します。

昭和四十四年の春、主婦と生活社の編集者丸元淑生さんと来店され、いろいろお話が弾んで盛りあがった後、いきなり私の方を向かれ年齢を聞かれました。とまどった私はとっさに「二、二十三です」(本当は二十一歳、若くして店をオープンしたものですから、背のびして年齢を二〜三歳逆サバを読んでいました。今とは大違い)。

「ウソつけ!!』

鋭い眼光とともに、店内にひびきわたるようなドスのきいた声。さすが黒岩重吾先生、二つ歳をごまかしたのをいとも簡単に見破った。〝スゴイ〟。感嘆致しました。

「オカミ(お亡くなりになられるまで一度もママとは呼ばれませんでした)は、三十近いだろう!!」

「エッ?・?・」

私は、本当の年齢を見破ってすごいと思っていたのに……。

「先生、違います！　本当は二十三よりもっと若いです」

「オカミ、俺の目は誤魔化せないぞ。そうだ、何か証明を持って来い。十万賭けよう」

「分かりました。先生、十万と言わず、一千万賭けましょう」

私自身のことですから自信があり、若気の至りでつい調子にのり、啖呵をきってしまいました。ギャンブラーで有名な先生、勘も鋭く、

「分かった。この勝負、俺の負けだよ。丸元君、この店気に入ったよ！　じゃあそろそろ行くか！」

「先生、気に入ったのでしたらまだいらしてください」

「そうだなあ。じゃあもう一度帰って来るか」

十二時近かったのですが、約束通りセカンドコールしてくださいました。

それから数寄屋橋は、最後酒の店になってしまいました。

今は何処へ行ってもカラオケが目に入りますが、カラオケのなかった時代は、小

道具としてマッチ箱にマドラーを差し込み、マイクに仕立て、よく御一緒にいらっしゃっていた安藤満さん（元文藝春秋社長）、鈴木琢二さん（元文春）、横山恵一さん（元中央公論社）、美濃部修さん（元集英社）と、外が明るくなるまでマイクを奪い合って歌ったものでございます。

その時は、紅顔の少年に戻っていたように思えてなりません。

帯締め ―渡辺淳一先生―

銀座でお店を開いた翌年（昭和四十四年）、渡辺淳一先生にお逢い致しました。若くてハンサム、その上小説を書いていらっしゃいます。無条件で憧れてしまいました。

二、三回お店に顔を出された頃だったと思いますが、著名な歴史作家の早乙女貢先生と二人で、店が終わった後で、私を食事に誘ってくださいました。先生方に連れられて青山にある戸川昌子先生のお店に行きました。早乙女先生と渡辺先生は今の時代や歴史のことなど、お話がとても盛り上がっております。お店以外で初めてお逢いする私は、側に座って聞いているだけだったのですが、渡辺先生がお医者様とは思えないほど、社会のいろいろなことにも、とても博識な方だなと感心しておりました。

ところが突然、途中で早乙女先生が私と渡辺先生を残したまま、急用を思い出したと言って、帰ってしまわれたのです。さては仕掛けられたのでは……今度は私と先生だけとの会話です。あまり意味のない言葉を並べて、やたらぎこちないお喋りをしたのを憶えています。

二人きりになってしまった……。

もしお誘いを受けたら……。

二十歳を過ぎたばかりの私の中には、本能的な警戒心と、期待・願望という煩悩が、交互に複雑に絡み合っていたことが、今でも強烈に記憶に残っております。それなのに何故か、先生がいろいろ気を配ってくださり、面白可笑しくいろんなお話をしてくださったことを、おそらくうわの空で聞いていたのでしょう、お話の内容は残念ながら全く記憶に残っておりません。

窓の外が薄明るく白みかけた頃、私の期待・願望は完全に裏切られたのですが、警戒心に対してはちゃんとお守りくださって、私のお家まで送ってくださいました。

先生とのこんな出逢いがあった翌年の春、先生の作品『光と影』が第六十三回直木賞に輝きました。以来、先生には初めての出逢いのままで、今でも大変御贔屓にして頂いておりますが、小説を書かれる方としてはめずらしく、お店にご一緒されるお客様も各界各種様々のご職業の方達で、先生のお人柄といいますか、とても交友関係の広い、器の大きなお方だということがよく分かります。

何時も大雑把な言葉遣いをされる半面、お店の女性、男性スタッフ達にもとてもデリカシーのある思いやりや気配りを頂き、神経の細やかな方だということを常々感じております。

執筆の他に、映画やテレビドラマの打ち合わせ、その他講演会等々とお忙しい先生は、時々お店をご無沙汰され、長い時は半年くらいお店に顔を出されないことがあります。お忙しいのかしら……それともお身体でも……などと噂し合っておりますと、何処からともなく、銀座を足しげく彷徨しておられるらしい情報が入ってきます。

ある時のことです。夜も更けた雨の日、お店の前でお客様をお送りしておりますと、後ろの方で聞き覚えのある声がしました。振り向きますと、ご無沙汰続きの先生なのです。私が声をかけようとしますと、先生は傘で素早く顔をお隠しになりました。

「先生……お顔が丸見えですよ」

先生は透明なビニール傘の向こうで、少年のような笑顔で、照れ臭そうに笑いながら通り過ぎて行かれました。

翌日の夜、早速お連れ様とお店にお顔を出されました。

「あーら先生、お久し振りです……お元気でしたの……?」

「うん忙しくてね……」

昨夜の傘のことなど忘れておられるかのようにひとことも口にされず、すました顔でグラスを傾け、いつものように楽しいひと時を残してお帰りになられました。

とても粋に遊ばれる先生ですが、私には時々紅顔の美少年に見えることがあります。

そんな先生がある日、何を思われたか突然私に、

「ママ、君は心の妻だから……私から帯締めを贈ろう」

それ以来、サイン会に参りますと、〝渡辺静香〟と胸を張ってお願い致しております。

謝意を込めて

素晴らしい先生方の玉稿の後に、僭越ながら、私の心の永遠の宝石《たからもの》となっている方々の思い出を綴って参りました。

(講談社社長の野間佐和子様から、常々、素晴らしい思い出は残しておくものよ、とすすめられておりました)

出逢いには、必ず別れが伴う。人との別れ、店との別れ、素晴らしければ、素晴らしいほど寂しさ、つらさが私にささやきます。「あの素晴らしい出逢いをもう一度」……と。「新・数寄屋橋」は、きっと新たな素晴らしい出逢いの宝庫となるでしょう。そして私は、その宝庫の傅《かしず》き人として生きていこうと思います。

今回、多くのご助言を頂いた松原治様は、平成十六年米寿を迎えられましたが、紀伊國屋書店会長兼CEOとして生涯現役。世界を飛びまわり、ゴルフ、酒量は壮者をしのぎます。そのご経歴は、日本経済新聞連載の「私の履歴書」にあった通り波瀾万丈、まさに永遠の青春の見本のようなお方でございます。

文壇、政財界にも大変お顔の広い郷里《ふるさと》の大先輩小石原昭先生（私が若かったせいか、当時昭和四十三年頃も小父様に見えていました）は、三十七年間、同じ顔、体格、酒量、毒舌と思いやり、驚くほどお変わりにならない方です。

何時までも老いない人生の達人である文壇、漫画家、画家そして写真家の方達。また、見事な生き方で年齢を感じさせない素晴らしい方々の生き様《よう》を考えますと、三十七年間の店「旧・数寄屋橋」を閉じることは、別れではなく幕開け《エポック》なのだと思えて参ります。そして、これからの第二のスタートに新たな自信と勇気が湧いて参ります。「数寄屋橋」を愛してくださる方々の期待を裏切らないよう、スタッフと共に頑張ります。

ご多忙中にもかかわらず、本書のために貴重な御作品をお寄せ頂きました錚々たる先生方には、どんな感謝の言葉も足りないほどありがたく思っております。私の心から溢れた感謝の念がこの本に結晶しております。

長くて短かった三十七年間を振り返り、私を支え続けてくれている相馬幸子、山縣真澄、木下久美子、出口美緒子（店名そのか）、加奈、淳子、てまり、満季、紀子他、昼夜とわず動き支える黒木万稔（マネージャー）、沖田次郎（チーフ）、岡崎彰（経理）。共に喜び、共に泣き、苦楽を分かちあった「数寄屋橋」の同志達にも、言葉では言い表せない感謝の気持ちで一杯でございます。

この本の刊行に当たり、多大なご協力を頂きました『財界』の村田博文社長始めスタッフの方々、そして「数寄屋橋」を愛し続けてくださっているお客様、本当に本当にありがとうございました。

この本は、偏にみな様のお力添えの賜でございます。

平成十七年一月吉日

園田静香

今もなお　グラス交わせば　数寄屋橋
琥珀色なる　夢あふれたり

文壇バー

君の名は「数寄屋橋」

2005年2月28日　第1版第1刷発行

編　者　　園田 静香

発行者　　村田 博文
発行所　　株式会社財界研究所
［住所］〒100-0014東京都千代田区永田町2-14-3赤坂東急ビル11階
［電話］03-3581-6771
［ファクス］03-3581-6777
【関西支社】
［住所］〒530-0047大阪府大阪市北区西天満4-4-12近藤ビル
［電話］06-6364-5930
［ファクス］06-6364-2357
［郵便振替］0018-3-171789

財界ホームページ　　http://www.zaikai.jp/

装幀・本文デザイン　Klüg
印刷　図書印刷株式会社
製本　東京美術紙工事業協同組合
© Shizuka Sonoda. 2004, Printed in Japan

乱丁・落丁本は送料小社負担でお取り替えいたします。
ISBN 4-87932-046-3
定価表示はカバーに印刷してあります。